Heilpädagogisch-therapeutische Geschichten in der Frühförderung

oder warum die Prinzessin eine Augenklappe trägt

Von
Nora Schneider

Schneider Verlag Hohengehren GmbH

Coverfoto: Gabriele Weiss

Gedruckt auf umweltfreundlichem Papier (chlor- und säurefrei hergestellt).

Bibliografische Information der Deutschen Nationalbibliothek

Die Deutsche Nationalbibliothek verzeichnet diese Publikation in der Deutschen Nationalbibliografie; detaillierte bibliografische Daten sind im Internet über ›http://dnb.dnb.de‹ abrufbar.

ISBN: 978-3-8340-2255-4

Schneider Verlag Hohengehren, Wilhelmstr. 13,
D-73666 Baltmannsweiler
www.paedagogik.de

Printed in Germany – Druck: Format Druck, Stuttgart

Inhaltsverzeichnis

Einleitung

Gabriele Weiss

Das Erzählen von Geschichten gehört seit Jahrtausenden zur menschlichen Geschichte, zum Leben: Wir kennen die Höhlenzeichnungen der Steinzeit, das Gilgamesch-Epos und Homers Odyssee, die Prophetentexte des Alten Testamentes, die Gleichnisse Jesu in der Bibel und auch die Geschichten der jüdischen Erzähltradition. Viele dieser Texte verknüpfen Unterhaltung mit spirituellen und pädagogischen Anliegen, setzen gezielte Impulse zur Veränderung und zum Lösen von Problemen (Hammel 2009, S.15).

Als Kinder wie Erwachsene leben wir mit diesen Erzählungen und Legenden, kennen den Mythos von Rübezahl oder dem geheimnisvollen Wesen von Loch Ness, aber auch schon als Kinder die jeweils regionalen Mythen der Heimat, wie z.B. die vom Holderstein bei Baltmannsweiler-Hohengehren und von der Keltenschanze bei Saulgau-Bondorf, verbunden mit dem entsprechenden spannenden oder auch gruseligen Gefühl, mit einem jahrhundertealten Geschehen in Kontakt zu kommen. Wir berichten selbst immer wieder von unseren Taten und Erfahrungen und „positionieren uns selbst am Schnittpunkt verschiedener Geschichten, deren Ende noch offen ist“ (Brooks in Pestalozzi-Bridel 2011, S.21).

Im alltäglichen Sprachgebrauch tauchen diese Geschichten in Formulierungen auf wie der Sisyphosarbeit, den Tantalusqualen, unserer Achillesferse. Wir vermuten einen Ödipus- oder Cinderella-Komplex, kennen den Mann mit dem Peter-Pan-Syndrom, der sich vor Pflichten und Verantwortung drückt und die Schwarzseherin, die unter dem Kassandra-Syndrom leidet. Hinter all diesen Bezeichnungen stecken Geschichten. Manche Bezeichnungen sind jahrzehntealt wie der Begriff des Ödipuskomplexes, die psychoanalytische Bezeichnung für einen intensiven innerpsychischen Entwicklungsprozess, andere sind eher populärwissenschaftlichen Ursprungs und werden entsprechend medienwirksam vermarktet.

Resonanz ist für jede Geschichte essenziell, Geschichten wirken dann, wenn sie Erzählende und Zuhörende haben, die aktiv teilnehmen und emotional mitschwingen und damit helfen, eine Geschichte weiterzuentwickeln.

Auch schon die Kinder im Kindergarten- und Vorschulalter leben mit Geschichten. Sie kennen Spongebob und Bob, den Baumeister. Wenn sie Glück haben, bekommen sie die großen Erzählungen der Kinderliteratur im liebevollen und sicheren Kontext erzählt und vorgelesen: Alice Walker, die Autorin der „Farbe Lila“ sagte einmal sinngemäß, schon der Prozess des Erzählens sei heilsam, weil jemanden sich die Zeit nehme, uns eine Geschichte zu erzählen, die für ihn selber eine große Bedeutung hat. Nimmt jemand sich die Zeit, Kindern Geschichten zu erzählen, ist ihm vielleicht wichtig, genau diese Geschichten weiterzugeben, vielleicht spürt er auch, dass ein Kind Hilfe und Unterstützung braucht, aber er will nicht einfach einen Rat geben. Er gibt ihn lieber in einer Form, die untrennbar mit unserem ganzen Selbst verschmilzt. Geschichten unterscheiden sich von einem Rat darin, dass sie beim ersten und wiederholten Hören zum festen Bestandteil der Seele werden. An die wichtigsten und berührendsten Geschichten unserer Kindheit erinnern wir uns auch als Erwachsene bis ins hohe Alter.

Beim Erzählen können Kinder dazu Fragen stellen, malen, träumen und passende Rollenspiele inszenieren und weiterentwickeln. So wird jedes Kind über Geschichten, die es kennenlernt und mit denen es sich intensiv beschäftigt, auch zum Schöpfer, zur Schöpferin eigener Geschichten. Stellvertretende Geschichten, in denen ein Protagonist ähnliche Erfahrungen macht wie das Kind, erleichtern, mögliche Lösungen zu finden und fördern so die Kreativität.

Kinder eignen sich so ihre Welt an, ordnen ihr Erlebtes, erklären sich Zusammenhänge und Unverständliches, geben Erfahrungen Bedeutung und entwickeln neue Hoffnung. Narrative Kindertherapeuten wie Michael White (2021) nutzen dies, indem sie Kinder über ihre erfolgreichen Lösungen berichten oder schreiben lassen, und stellen mit Einverständnis des Kindes diese Berichte auch anderen Kindern in ähnlicher Situation zur Verfügung. Wie oft nutzen wir die Gelegenheit, jemandem in schwieriger Situation von einem anderen zu erzählen, der etwas ausprobiert und damit Erfolg gehabt hat. Viele Pädagog*innen und Therapeut*innen, die Kinder begleiten, schreiben passgenaue Geschichten für ein bestimmtes Kind in einer konkreten Lebens-Herausforderung. Ob wir in Zukunft auch künstliche Intelligenz und ChatGPT beim Schreiben nutzen, wird sich in den nächsten Jahren zeigen.

In diesem Sinne halten wir es mit Peter Bichsel: „Während ich Geschichten erzähle, beschäftige ich mich nicht mit der Wahrheit, sondern mit den Möglichkeiten der Wahrheit. Solange es noch Geschichten gibt, so lange gibt es noch Möglichkeiten." (Bichsel in Pestalozzi-Bridel 2011, S.29).

Literatur

Hammel, S. (2018). *Handbuch des therapeutischen Erzählens*. Stuttgart: Klett-Cotta Verlag.

Pestalozzi-Bridel (2011). *Worte sind Silber – was ist Gold? Heilsame Geschichten entwickeln in Körper, Bild und Sprache*. Stuttgart: Klett-Cotta Verlag.

Walker, A. (2024). *Die Farbe Lila.*. Hamburg: Ecco Verlag.

White, M., Epston D. (2021). *Die Zähmung der Monste*. Heidelberg: Carl-Auer Verlag.

1. Wirkung von Geschichten

Kinder sind umgeben von Geschichten, seien es themenbezogene Geschichten im Kindergarten, gemeinsame Bilderbuchbetrachtungen, die Serie auf einem Streamingportal oder die Gutenachtgeschichte am Abend. Geschichten werden von Person zu Person weiter getragen, verändert und adaptiert an die jeweilige Lebenssituation des Senders und Empfängers. Je nachdem ist das Ziel viele verschiedene Menschen mit einer Geschichte zu erreichen oder speziell eine bestimmte Person anzusprechen und dieser etwas zu vermitteln. Doch eines ist vielen Geschichten gleich, sie können etwas erreichen in demjenigen, der die Geschichte hört. Man selbst hat vielleicht auch eine oder mehrere Geschichten im Kopf, die einen zum Nachdenken gebracht, einen anderen Blickwinkel aufgezeigt oder die Perspektive erweitert haben. Jeder kann das hören was er will und im Moment braucht. Durch manche Geschichten findet man neuen Mut, erkennt sich selbst wieder oder lernt etwas Neues. Geschichten können auf völlig unterschiedlichste Weise wirksam und hilfreich sein.

Ressourcenfindung

Das Erzählen einer Geschichte kann dazu dienen, dass dem Kind seine eigenen Ressourcen bewusster werden (Weinberger, 2005). Es kann sehen lernen, in welchen Bereichen seine eigenen Stärken liegen. Ebenso ist es möglich durch Reframing bestimmte bisher negativ gesehene Eigenschaften als Ressourcen wahrzunehmen. Eine Geschichte zu hören, in welcher der oder die Protagonist*in erfolgreich ist, kann einem das Gefühl geben, nicht nur machtlos der Welt gegenüber zu stehen. Diese Ermutigung kann dazu beitragen die eigenen Ressourcen stärker wahrzunehmen und sie zu benutzen (Cattanach 2008).

Reframing

Durch eine Geschichte ist es möglich, indirekt Umdeutungen einer Situation zu vermitteln und somit neue Wege und Handlungsmöglichkeiten aufzuzeigen. Bisher als negativ wahrgenommene Erfahrungen können durch Umformulierung als hilfreich und wertvoll entdeckt werden (Gordon, 2005).

Zeigen, dass man nicht alleine ist

Durch Geschichten, in welchem der oder die Protagonist*in ein ähnliches Problem hat wie man selbst, entsteht die Möglichkeit zu sehen, dass man nicht alleine ist. Kinder können entdecken, dass es auch andere gibt, die mit ähnlichen Schwierigkeiten zu kämpfen haben. Dieses Wissen kann sie stärken, sich nicht isoliert und alleine gelassen mit ihren Problemen zu fühlen.

Motivation

Dadurch, dass ein Kind durch eine Geschichte erfährt, dass eine andere Person mit ähnlichen Schwierigkeiten diese gelöst hat, kann es ermutigt werden es selbst zu versuchen. Die Motivation, ein bestimmtes Problem versuchen zu lösen, wird gesteigert, da man an einem Modell gesehen hat, wie es funktionieren könnte und somit ein positives Beispiel bekommen hat (Zehnder Schlapbach, 2007). Die Motivation tritt vor allem auf, wenn eine Identifikation mit dem oder der Helden*in der gehörten Geschichte stattfindet. Man wird ermutigt selbst nach Lösungen zu suchen oder Ratschläge anzunehmen (Harper & Gray, 2000).

Abstand

Das Kind hat durch das Hören einer Geschichte, in welcher ein Problem vorkommt, das es kennt, die Möglichkeit darüber nachzudenken ohne selbst direkt in Bezug stehen zu müssen. Es wird nicht direkt damit konfrontiert. Somit wirkt es weniger beängstigend sich damit auseinander zu setzen. Ebenso kann das Kind auch selbst bestimmen, was es von einer Geschichte mitnehmen möchte und was nicht (Brett, 2004). Der Zuhörer kann frei entscheiden, was er von der Geschichte annimmt und wie er bestimmte Sachverhalte interpretiert (Mohl, 2006). Zwanglos wird ihm die Gelegenheit gegeben, Lösungen, die in der Geschichte vorkommen, auf die eigene Situation zu übertragen. Eventuell kann durch das Zuhören einer

Geschichte ein besseres Verständnis für die eigene Situation entstehen, indem man aus einer Abstandsposition beobachten und beurteilen kann. Doris Brett benutzt den Begriff einer „Sicherheitszone", die durch Geschichten entsteht. Kinder bekommen es frei gestellt, ob sie sich mit dem oder der Protagonist*in in einer Geschichte identifizieren oder ob sie mehr Fragen zu dem Problem oder der Lösung stellen wollen. Die Protagonisten*innen in einer Geschichte können als Spiegel eigener Lebenserfahrungen gesehen werden. Somit kann dem Kind geholfen werden, eigene Erfahrungen und Empfindungen zu verarbeiten und manche bisher unentdeckten Gefühle deutlicher zu machen (Zitzlsperger, 2003). Ebenso ermöglichen Geschichten dem Kind einen Standortwechsel durchzuführen. Es kann somit alternative Ideen und Vorstellungen zur Realität entwickeln (Weiss, 2008). Dadurch, dass ein Ratschlag oder eine Lösungsmöglichkeit für ein Problem nur in Form einer Geschichte gegeben wird, kann die zuhörende Person selbst steuern, was sie annimmt. Es entsteht kein Widerstand, der eventuell bei sonstigen Interventionen von außen kommen würde. Man kann frei entscheiden, inwieweit man über das Gehörte sich zum Nachdenken über die eigene Situation anregen lässt (Mohl, 2006).

Zulassen von Gefühlen

Dem Kind wird durch das Erzählen von Geschichten ermöglicht abgewehrte Gefühle neu wahrzunehmen. Es kann in Kontakt mit eigentlich für ihn unangenehmen Gefühlen wie Traurigkeit, Angst oder Wut kommen (Weinberger, 2005).

Sprache des Kindes

Viele Erwachsene sprechen in einer Sprache, die für Kinder nicht immer leicht verständlich ist. In einer Geschichte wird versucht, auf einer anderen Ebene zu kommunizieren (Brett, 2004). Es wird die Phantasie angesprochen und manche Probleme, die Erwachsenen eventuell trivial erscheinen, können in einer Geschichte gewürdigt werden. Man kann besser darauf eingehen und das Kind kann sich mit seinen Sorgen in einer Geschichte wieder entdecken und sich somit ernst genommen fühlen. Durch eine Geschichte ist es möglich dem Kind Zusammenhänge und Hintergründe seiner Situation auf einer anderen, gefühlsmäßigen Ebene begreifbar zu machen (Weinberger, 2005). Ebenso ist die Sprache besonders in Volksmärchen nicht abstrakt oder interpretativ, sondern klar und anschaulich. Somit ist es für das zuhörende Kind leichter sich lebendige Bilder vor das innere Auge zu rufen (Wilkes, 2010).

Literatur

Brett, D. (2004). *Anna zähmt die Monster. Therapeutische Geschichten für Kinder.* Salzhausen: isokopress.

Cattanach, A. (2008). *Narrative Approaches in Play with Children.* London: Jessica Kingsley Publishers.

Gordon, D. (2005). *Therapeutische Metaphern – Über die veränderungsfördernde Wirkung von Metaphern.* Paderborn: Junfermann Verlag.

Harper, P.; Gray, M. (2000). *Maps and meaning in life and healing* erschienen in Dwivedi, Kedar Nath. *The Therapeutic Use of Stories.* London: Routledge.

Mohl, A. (2006). *Der Wächter am Tor zum Zauberwald – Therapeutische und pädagogische Metaphern.* Paderborn: Junfermann Verlag.

Weinberger, S. (2005). *Kindern spielend helfen – Eine personenzentrierte Lern- und Praxisanleitung.* Weinheim: Juventa Verlag.

Weiss, G. (2008).*Therapeutische Geschichten* erschienen in Simon, T.; Weiss, G. *Heilpädagogische Spieltherapie. Konzepte – Methoden – Anwendungen.* Stuttgart: Klett- Cotta.

Wilkes, J. (2010). *Märchen und Psychotherapie – Über die psychologische Deutung und therapeutische Wirkung der Volksmärchen* erschienen in *Märchen Märchenforschung Märchendidaktik.* Baltmannsweiler: Schneider Verlag.

Zehnder Schlapbach, S. (2007). *Die heimlichen Helfer in der kinderärztlichen Praxis – Zum Gebrauch von Bilderbüchern in der kreativen Kindertherapie* erschienen in Vogt, M. *Wenn Lösungen Gestalt annehmen – Externalisieren in der kreativen Kindertherapie;* Dortmund: Borgmann- Verlag.

Zitzlsperger, H. (2003). *Volksmärchen aus pädagogischer – psychologischer Sicht: Von Eigenheiten des Märchens und seinen Beziehungen zu Heranwachsenden und Lernenden- Teil 1.* Baltmannsweiler: Schneider Verlag.

2. Die Geschichte und ihre Handlung

Erste Ebene: Die Geschichte und ihre Handlung

Der Verlauf der Geschichte findet auf der ersten Kommunikationsebene statt. In ihr wird eine Handlung dargestellt, die das zuhörende Kind betrifft und interessieren kann. Es gibt sechs Hauptpunkte, die man bei der Konstruktion einer Geschichte beachten kann (Mills & Crowley, 1996).

Vorstellung des metaphorischen Konfliktes und der Hauptperson

Ein Thema, Problem oder eine Schwierigkeit wird mit der Protagonistin oder dem Protagonisten der Geschichte in Verbindung gebracht (Mills & Crowley, 1996). Es wird versucht, dieses Problem möglichst genau zu beschreiben, so wie das zuhörende Kind es auch selbst erlebt hat. Das Kind soll merken, dass es nicht die einzige Person mit diesem Problem ist, sondern es noch anderen ähnlich ergeht wie ihm selbst. Ein Gefühl des Verstandenseins soll entstehen. Gleichzeitig sollen Unterschiede zu der Situation des Kindes vorhanden sein. Das Kind soll die Möglichkeit haben, sich bei Bedarf von dem in der Geschichte dargestellten Geschehen zu distanzieren (Weiss, 2008).

Auftreten von weiteren Beteiligten in der Geschichte

In einer unterbewussten Ebene werden hilfreiche Prozesse zur Lösung des Problems in einer Helferfigur oder dem

Helden oder der Heldin selbst impliziert. Diese sind wichtige Ressourcen der handelnden Person. Sie sind entweder schon vorhanden oder können als die vom Kind selbst erwünschten positiven Eigenschaften und Fähigkeiten gesehen werden (Wirl, 2006). Gleichermaßen werden negative Überzeugungen und Ängste der Protagonisten oder Protagonistinnen durch die Hindernisse und Schwierigkeiten in der Geschichte repräsentiert. Durch sie können die Ängste oder auch Schwierigkeiten personifiziert werden.

Erfolg durch Lernerfahrungen

Durch die Schilderung verschiedener anderer Erlebnisse in der Vergangenheit wird dem Protagonisten oder der Protagonistin gezeigt, dass er oder sie auch erfolgreich handeln kann, somit werden parallele Lernsituationen integriert. Diese gelernten Fähigkeiten können im Verlauf der Geschichte zur Lösung beitragen.

Bewältigung einer kritischen Situation

In dem Auftreten einer Herausforderung, von Wirl (2006) als Krise bezeichnet, dem Höhepunkt der Geschichte, wird die Hauptperson zum Handeln gezwungen. Durch die im vorherigen Punkt geschilderten gelernten Fähigkeiten gelingt die Lösung des Konfliktes. Das Kind kann dabei sehen, dass es mit dem was es von sich aus mitbringt schon verschiedene Probleme lösen kann (Goetze, 2009). Das Problem des oder der Klienten*in soll dabei ausreichend gewürdigt werden und eventuell kann es hilfreich sein, erst misslungene Lösungsversuche auftreten zu lassen (Hammel, 2009).

Lösung mit neu eintretender Identifikation der Hauptperson

Die erfolgreiche Lösung des Problems führt zu einem guten Ausgang der Geschichte. Der oder die Protagonist*in kann durch das Meistern der Schwierigkeiten seine Identität neu entwickeln und aufwerten (Wirl; 1993). Dies kann bei dem Kind dazu beitragen, dass die Überwindung einer Krise zu einem Erfolgserlebnis wird und somit zu einem positiven Selbstkonzept beitragen kann. Die durch die Helferfigur oder auch durch den oder der Held*in selbst repräsentierten Ressourcen sollen bei dem Kind als Anlage vorhanden sein (Goetze; 2009). Durch die Schilderung in der Geschichte sollen sie ihm noch mal deutlicher gemacht werden.

Würdigung der Lösung

Die Hauptperson erfährt abermalige Verstärkung ihres Erfolgs durch eine Feier. Das gestärkte Selbstwertgefühl kann somit nochmals durch andere bestärkt und verfestigt werden. Ebenso erfährt die Geschichte durch ein Fest, in welchem die Leistung wiederholt gewürdigt wird, eine Abrundung des Geschehenen (Weinberger, 2005).

Die Lebensumstände des oder der Protagonisten*in in der Geschichte können verfremdet werden und müssen nicht unbedingt identisch mit denen des Kindes sein. Allerdings sollten sich Analogien finden lassen und somit die Identifikation erleichtern.

Zweite Ebene: Eingebrachte Vorschläge

Das Kind befasst sich bewusst nur mit der ersten Ebene der Geschichte. Auf diese Weise können wichtige Botschaften, die auf dem ersten Blick das Problem in der Geschichte betreffen, in einer zweiten Ebene eingestreut werden. Diese Suggestionen können dann aber unterbewusst auf das Problem des Kindes wirken und diesem auf diese Weise etwas vermitteln. Dem Kind kann so indirekt etwas nahe gebracht werden, welches dieses nicht angenommen hätte, würde es ihm ohne die Zwischenstation einer Geschichte mitgeteilt worden sein. Die erzählende Person kann diese Mitteilungen zum Beispiel durch ein Verändern der Stimme, wie Tonhöhe oder Sprechposition, hervorheben (Mills & Crowley, 1996; Wirl, 1993). Es kann für die Erreichbarkeit des Zuhörers oder der Zuhörerin hilfreich sein, wenn die Suggestionen und Nachrichten in „Du-Botschaften“ erfolgen, um so direkt anzusprechen und neue Perspektiven und Verhaltensweisen zu fördern.

Durch Vorschläge und Suggestionen kann die Vorstellungskraft aktiviert werden, so dass eine Lösung oder eine Veränderung eintreten kann. Es können positive Veränderungen im Denken visualisiert werden. Auch wird das Zulassen dieser möglichen neuen Botschaft durch die Zwischenstation der Geschichte vereinfacht. Widerstände können abgebaut werden.

Negative Glaubenssätze oder Denkmuster können durch andere Botschaften verändert oder ersetzt werden. Durch das Einbringen positiver Affirmationen oder Aussagen können neue Überzeugungen gefestigt und alte, hinderliche Überzeugungen allmählich abgebaut werden.

Geschichten haben die Fähigkeit, Emotionen zu wecken und eine emotionale Resonanz bei der zuhörenden Person hervorzurufen. Durch die Verwendung von Suggestionen können positive Gefühle wie Hoffnung, Zuversicht oder Freude verstärkt werden, um eine erfolgreiche Veränderung im emotionalen Erleben zu unterstützen.

Dritte Ebene: Sensorische Verwebung

Um die Geschichte oder Metapher besonders wirkungsvoll zu gestalten, werden auf der dritten Ebene verschiedene Sinneseindrücke mit in die Geschichte eingebracht. Damit sollen zwei Ziele erreicht werden. „Zum einen hilft es, das sensorische Funktionieren des Kindes insgesamt zu integrieren und ins Gleichgewicht zu bringen und zum anderen zielt es besonders darauf ab, die Blockade des außerbewussten Systems aufzulösen und es zu öffnen“ (Mills & Crowley, 1996; S. 170). Dies geschieht, indem vermehrt Begriffe verwendet werden, die in den auditiven, visuellen, gustatorischen, olfaktorischen oder kinästhetischen Bereich gehören. Häufig wird zwischen diesen Begriffen hin und her gewechselt, um so das außerbewusste System anzusprechen. Der zuhörenden Person einer Geschichte wird auf diese Weise die Möglichkeit gegeben auf funktionierende Bereiche zurückzugreifen und so positive Erfahrungen zu machen. Diese positiven Erlebnisse werden nun mit dem Problem verwoben und können so beitragen dieses zu lösen (Mills & Crowley, 1996). Besonders hilfreich ist es, wenn man das Kind genau beobachtet und dann entsprechend die sensorischen Vorlieben des Kindes berücksichtigt (Weiss, 2008).

Die zweite und dritte Ebene passieren parallel und können sich manchmal überschneiden. Teilweise kann es aber auch sinnvoll sein, ohne Rücksicht auf eine sensorische Verwebung bestimmte Vorschläge und Suggestionen einzustreuen und umgekehrt.

Literatur

Goetze, H. (2009).*Metapherngeschichten – Über das Erfinden von Geschichten für Spieltherapieklienten* erschienen in Behr, M. et al (Hrsg). *Psychotherapie mit Kindern und Jugendlichen – Personenzentrierte Methoden und interaktionelle Behandlungskonzepte.* Göttingen: Hogrefe Verlag.

Hammel, S. (2009). *Handbuch des therapeutischen Erzählens – Geschichten und Metaphern in Psychotherapie, Kinder- und Familientherapie, Heilkunde, Coaching und Supervision.* Stuttgart: Klett- Cotta.

Mills, J..; Crowley, R. (1996). *Therapeutische Metaphern für Kinder und das Kind in uns.* Heidelberg: Carl- Auer- Systeme Verlag.

Weiss, G. (2008).*Therapeutische Geschichten* erschienen in Simon, T.; Weiss, G. *Heilpädagogische Spieltherapie. Konzepte – Methoden – Anwendungen.* Stuttgart: Klett- Cotta.

Wirl, C. (1993). *Therapeutische Geschichten und Metaphern – Aufbau und Drei-Ebenen-Kommunikation* erschienen in Mrochen, Siegfried; Holtz, Karl L.; Trenkle, Berhard. *Die Pupille des Bettnässers.* Heidelberg: Carl- Auer- Systeme- Verlag.

Wirl, C. (2006). *Es war einmal...Über das Erfinden von Märchen und (therapeutischen) Geschichten* erschienen in Vogt- Hillmann, M.; Burr, W.. *Kinderleichte Lösungen – Lösungsorientierte Kreative Kindertherapie.* Dortmund: borgman- Verlag.

Sensory stories - Geschichten mit allen Sinnen

Gabriele Weiss

Wir alle hören Geschichten, die vorgelesen werden, in einem Bilderbuch können wir mit Hilfe guter Illustrationen auch noch sehen, was geschieht oder welche Gefühle dabei ausgelöst werden.

Motorische Impulse helfen, sinnlich zu erleben: wir wiegen uns im Wind, schaukeln, wenn das Boot im Sturm zu kentern droht, machen entsprechende Reitbewegungen etc.… Damit haben wir gleichzeitig propriozeptiv-vestibuläre Förderung: aktiv, wenn das Kind sich bewegen kann, oder auch passiv, wenn die Bewegungsimpulse von uns ausgehen.

Mit der Stimme ahmen wir den Ruf des Käuzchens nach oder das Lied des Windes, der sich zum Sturm steigert.

Mit Hilfe von Bodypercussion kreieren wir den Sound der Geschichte: wir klatschen rennende Schritte, indem wir auf die Oberschenkel patschen, trommeln auf die Brust, wenn wir eine Brücke überqueren etc.

Die meisten kennen die Geschichte von der Bärenjagd, die mit Satzwiederholungen, Frage-Antwort-Ritualen, Handgesten und Bodypercussion erzählt und gemeinsam erlebt wird.

„Gehen wir heut auf Bärenjagd?“ Ja, wir gehen auf Bärenjagd“ ….

Solche Impulse können wir mit vielen Geschichten kombinieren und diese Geschichten so für die Kinder leichter erlebbar machen. Dies gilt insbesondere für Kinder mit Sinneseinschränkungen und Wahrnehmungsverarbeitungsstörungen, hilft aber auch allen anderen, die Erlebensperspektive zu erweitern:

So könnten wir bei der Bärenjagd und bei vielen anderen Geschichten:

Z.B. eine große Bärenpuppe nutzen mit entsprechendem zotteligen Fell, sondern auch

z.B. Gras einsäen oder eine Schilfpflanze nutzen, um die Kinder spüren zu lassen, wie es sich anfühlt, Schilf zu teilen,

z.B. eine große Schüssel mit Wasser nehmen, in der wir mit den Händen rudern können, um den Widerstand des Wassers zu spüren,

z.B. mit Hilfe eines Fächers oder auch eines kleinen batteriebetriebenen Ventilators den Wind in den Haaren spüren.

Bei der Geschichte des Jungen, der einen Initiationsritus durchlaufen muss (siehe Kapitel 5 *Eltern in der Frühförderung* in diesem Buch oder Weiss, 2008, S. 150ff), könnte die Suche nach dem Feuerstein gestaltet werden mit Hilfe von Sand oder kleinen runden Kieseln, in denen ein kantiger Stein versteckt ist, der gesucht werden muss. So haben wir gleichzeitig alle sinnlichen Erfahrungen: die taktilen Reize des feinen Sandes oder auch der kleinen runden Kiesel, den Unterschied zum kantigen Feuerstein.... Wir konzentrieren uns auf die Unterschiede, denn vielleicht haben wir den Feuerstein vorher genau angeschaut und mit der Hand umschlossen, um die Kanten zu spüren, ehe er im Sandhügel oder in einer Schüssel mit Erde versteckt wird.

Ähnlich lassen sich Piratenschätze finden, die zu einer Bewährungsprobe gehören: In einem Sack oder einer Schale mit vielen verschiedenen Materialien müssen verdeckt die goldenen Piratenmünzen oder geschliffene Glasdiamanten ertastet werden.

Piratenlieder helfen, sich auf den Weg zu machen, durch die Stürme zu segeln.... Und sich entsprechend zu wiegen, zu schaukeln, auch einmal umzupurzeln. Nicht umsonst gab es nicht nur Lieder für die gemeinsame Arbeit auf dem Feld, sondern auch Lieder für die Gemeinschaft und Lieder gegen die Angst.

Gerüche wie das Lieblingsparfum der Mutter – bei Kleinen auf dem Schnuffeltuch, bei den Größeren auf einem Halstuch oder dem Pulloverärmel, kann helfen, Angst und das Gefühl des Alleinseins zu überwinden.

Für uns als Erzählende und Begleitende in der Frühförderung kann es sinnvoll sein, uns zu erinnern, was wir selber früher genutzt haben, um uns stark zu fühlen. Vielleicht hatten wir auch früher schon Mutsteine in der Hosentasche? Eine Sammlung im Team bringt neben Gelächter und geteilten Erinnerungen auch ein erweitertes Repertoire an Ideen und Materialien.

Nicht zuletzt können wir z.B. mit einem Kind Mut-Kekse backen, um Gefühle, Gerüche, Geschmack und neu erworbene Kompetenzen miteinander zu verbinden. Der heilpädagogischen Kreativität sind hier kaum Grenzen gesetzt.

3. Geschichte schreiben in 45 Minuten

Von vielen Kolleg*innen kommt häufig der Ausspruch "Ich kann keine Geschichte für ein Kind schreiben, dafür benötige ich zu viel Zeit" oder "Ich habe keine Idee, was ich überhaupt schreiben soll". Doch es gibt die Möglichkeit sich zu Beginn an einem Grundgerüst zu orientieren und auf Vorhandenes zurückzugreifen, um so etwas Neues, etwas Individuelles und Passendes für ein spezielles Kind entstehen zu lassen.

Es ist im Moment des Hörens, des Weitergebens der Geschichte nicht wichtig, dass es literarisch perfekt ist oder man sofort ein neues Kinderbuch veröffentlichen kann. Es zählt, dass das Kind wahrnimmt, die Geschichte ist irgendwie anders. Ich erkenne etwas, das auch mich betrifft in dieser Geschichte. Etwas, das mich beunruhigt, beschäftigt auch den oder die Protagonist*in. Es gibt nicht nur mich mit dieser Schwierigkeit. Und ja, mein Problem ist auch für andere groß, es zählt und wird angesprochen. Speziell wenn sonst in anderen Kontexten meine Schwierigkeit nicht beachtet, klein gemacht oder durch Phrasen abgetan wird. Aber das Kind kann auch wahrnehmen, dass trotz der Schwierigkeiten es eine Weiterentwicklung geben kann. Es findet sich ein Weg, wie man mit dem Problem umgehen kann. Die Lösung, die den oder die Held*in weiterbringt, kann auch mir helfen.

Für diesen Effekt reicht es, wenn es eine Geschichte gibt, die das Kind anspricht und erreicht. Es ist möglich, diese Geschichte (mit etwas Übung) und Vorarbeit in ungefähr 45 Minuten zu schreiben.

Eine erhöhte Erreichbarkeit des Kindes durch die Geschichte kann dadurch geschehen, indem man die Erfahrungswelt und Vorlieben des Kindes mit einbezieht.

Dies kann dadurch erfolgen, dass man für die Geschichte Lieblingscharaktere aus Fernsehserien, das Lieblingsessen oder Hobbys des betreffenden Kindes verwendet (Wirl, 1993). Allgemein sollte darauf geachtet werden, dass das in der Geschichte vorkommende Vokabular dem Niveau des Kindes entspricht. Des Weiteren sollte die Länge der Geschichte an die Aufmerksamkeitsspanne des zuhörenden Kindes angepasst sein.

Dafür ist es hilfreich, sich im Vorhinein mit dem Kind, der Familie, der Lebenswelt des Kindes, der Exploration des Problems und mit der Schwierigkeit sowie einer möglichen Lösung zu beschäftigen. Verschiedene Fragen können entweder für sich oder in Zusammenarbeit mit dem Netzwerk des Kindes beantwortet werden:

Explorationsfragen

Exploration des Kindes

- Wie lange kann das Kind einer Geschichte folgen?
- Was kann das Kind gut? Was sind seine Stärken?
- Was mögen Eltern/ Geschwister am Kind?
- Was mag es selbst an sich?
- Welche ist die Lieblingsfarbe?
- Was ist das Lieblingsessen und -getränk?
- Gibt es ein Lieblingstier?
- Was sind die bevorzugte Fernseh-/ Youtubesendungen?
- Welche weiblichen und männlichen Vorbilder sind für das Kind wichtig?
- Gibt es für das Kind Held*in aus der Literatur bzw. Musik?
- Welche sensorische Ebene bevorzugt das Kind?

Exploration der Familie

- Wie ist die familiäre Konstellation?
- Wie wird die gemeinsame Zeit zwischen Kind und Eltern gestaltet?
- Wer ist für welchen familiären Bereich zuständig?
- Wer übernimmt welche Rolle innerhalb der Familie (Organisation, Zuneigung, Regeln setzen, Entscheidungen treffen)?
- Welche wichtigen Kontakte gibt es außerhalb der Familie für das Kind?

- Wie wird in der Familie Zuneigung gezeigt? Wie erfolgen Liebesbeweise?
- Wie werden große und kleine Erfolge in der Familie gefeiert?
- Wie ist der Umgang mit Sprache in der Familie? (Umgangssprache, Dialekt, Wortwahl: wertschätzend oder abwertend)
- Gibt es eine gemeinsame Vorlesezeit?
- Was darf nicht in der Geschichte vorkommen? Was sind wunde Punkte für Eltern/ Kind? Was sind verletzliche Themen?
- Worüber lacht die Familie?

Exploration des Problems/ der Schwierigkeit

- Welches Problem/ welche Schwierigkeit liegt vor?
- Wie geht das Kind damit um?
- Wann tritt es auf?
- In welchen Situationen und Orten tritt das Problem auf?
- Wann zeigt sich das Problem und wann nicht?
- Mit wem tritt das Problem auf?
- Was macht das Problem größer?
- Was hat schon geholfen?
- Was hat bei anderen Schwierigkeiten geholfen?
- Was wäre anders, wenn das Problem nicht mehr da ist?
- Hat das Kind einen Wunsch für Veränderung oder nur die Eltern/ Erzieher*innen?
- Wie reagieren andere auf das Problem?
- Wer nimmt das Problem als Problem wahr und wer nicht?

- Und welche Ursachen werden als Grund für das Problem von den Beteiligten vermutet?
- Was ist das Schwierigste an dem Problem?
- Was für Aussagen macht das Kind zu dem Problem?
- Welche (falschen) Glaubenssätze liegen beim Kind/ bei den Eltern in Bezug auf das Problem vor?
- Für was ist das Problem gut? In welchem Zusammenhang/ in welchen Kontexten ist das Problem nützlich?
- Was ist schwieriger, wenn das Problem nicht mehr da ist? Was würde besser sein?

Helferfigur

- Wer könnte eine mögliche Helferfigur sein?
- Könnte es ein Lieblingstier/ Lieblingsheld/ Freund aus der Lebenswelt des Kindes sein?
- Wie müsste diese Helferfigur auftreten, um angenommen zu werden?
- Was müsste sie oder er mitbringen?
- Wie dürfte sie oder er nicht sein?
- Würde die Helferfigur nur von dem oder der Protagonist*in in der Geschichte wahrgenommen werden oder von allen anderen auch?
- Wie laut oder leise tritt die Helferfigur auf?
- Wie direktiv/ offen können Lösungsvorschläge formuliert sein, um angenommen zu werden?
- Braucht es noch weitere Verstärker?
- Ist es wichtig für das zuhörende Kind, dass es die Möglichkeit gibt im Anschluss eine haptische Helferfigur zu bekommen/ selbst herzustellen?

Lösung

- Welche Lösung für die Schwierigkeit hilft dem Kind auch in der realen Welt?
- Was wurde schon ausprobiert?
- Was hat schon zu Erfolgen geführt?
- Woran würde man sehen, dass sich etwas verändert hat?
- Wer würde dies bemerken?
- Welche anderen Erfolgserlebnisse hat das Kind schon gehabt?
- Auf welche von diesen ist das Kind auch stolz (keine Windel mehr brauchen, sich im Kindergarten eingewöhnt haben, durch Geschwisterkind neuen Platz in Familienkonstellation finden, Fahrrad fahren lernen, etwas Neues zum Essen probieren)?
- Wie viele Rückschläge gibt es auf dem Weg zur Lösungsfindung?
- Wie wird eine gefundene Lösung gefeiert?

Beispiel zum Entstehen einer therapeutischen Geschichte:

In meiner Arbeit in der Frühförderstelle arbeite ich seit etwa zwei Jahren mit einem mittlerweile fünfjährigen Jungen namens Lars. Lars hat ein großes Wissen über viele verschiedene technische Dinge und naturwissenschaftliche Phänomene. So konnte er schon im Alter von vier Jahren erklären, warum das Wasser nicht nach oben aus dem Wasserhahn fließt, sondern wegen der Schwerkraft nach unten. Lars spielt in der Förderung gerne Geschichten mit Dinos, die auf Schiffsreise nach Hamburg fahren und dort Eis essen. Aber um dort anzukommen, müssen die Dinos einige Stürme überstehen. Er liebt es, wenn er lange Bilderbücher vorgelesen bekommt. Manchmal versteht Lars aber Sätze und Aussagen nicht so, wie viele andere sie verstehen. Als seine Eltern sich einmal unterhielten und die Mutter zum Vater meinte: "...dass das ja durch die Blume gesagt wurde...", schaute Lars sich um und meinte, warum seine Mama denn etwas durch den dort stehenden Blumenstrauß sagen möchte.

In der Förderung und im Alltag gibt es immer wieder Phasen, in welchen es Lars wichtig ist Verlässlichkeit zu haben. Er braucht zum Beispiel immer wieder Bestätigung, dass er abgeholt wird und auch jeder die genaue Uhrzeit weiß, da es einmal sich ergeben hat, dass seine Mutter aufgehalten wurde und 5 min später gekommen ist. Oder ein anderes Mal ging der Feuermelder im Nachbarhaus los und eine Nachbarin war sehr aufgeregt und laut, obwohl die Ursache noch ohne das Einbeziehen der Feuerwehr geklärt werden konnte. Lars hatte danach viel Angst, vor allem was mit Blaulicht und Feuer zu tun hat. Er fing an sich zu vergewissern, dass in fremden Räumen auch Rauchmelder installiert sind und sprach exzessiv über diese Thematik. Irgendwann kam seine Mutter auf die Idee, dass man den Rauchmeldern Namen geben kann. Dies machte Lars nun mit jedem Rauchmelder, bis das Thema dann irgendwann weniger Schrecken hatte. Nun konnte er es auch wieder gut aushalten, wenn er gemeinsam mit seinem Vater an einem Absperrband vorbei lief oder die Sirenen einer Feuerwehr hörte.

Vergangene Woche telefonierte ich mit der Mutter von Lars. Für Lars ist es gerade sehr schwierig, wenn sie woanders im Haus ist und er sich immer wieder fragt, wo sie sich genau aufhält. Als sie vor einiger Zeit mit dem Zug fuhren und dieser plötzlich nicht weiter fuhr, bekam Lars sehr viel Angst. Er konnte sich kaum mehr beruhigen und aufhören Fragen zu stellen, warum der Zug nicht weiterfahre und was passiert sei. Lars‘ Mutter erlebt ihn dann als ängstlich und panisch. In diesen Momenten hilft es meist nur noch, wenn sie Quatsch macht und albern ist. Lars‘ Mutter wünscht sich, dass Lars es schafft manche Ängste nicht so groß werden zu lassen und er selbst Strategien entwickeln kann sich zu beruhigen und zuversichtlich zu sein, wenn ihm etwas bedrohlich erscheint.

Für Lars möchte ich nun eine Geschichte schreiben.

Der Text dieser Geschichte wird im Folgenden präsentiert. Ergänzend dazu befinden sich in der rechten Spalte erläuternde Kommentare und Symbole, mit welcher Intention etwas geschrieben wurde.

Orientierung an der Lebenswelt des Kindes und Ähnlichkeiten mit dieser ☺

Sachen, die das Kind gern hat ♥

Helferfigur (nach einer Idee der Mutter) ✋

Schwierigkeiten des Kindes ϟ

sensorische Ebene, Eindrücke 👓

Leon und Schwimmy

	Schilderung des Protagonisten und seiner Lebenswelt
Heute an diesem heißen Sommertag war es endlich soweit: *Leon* hatte sich schon so lange gefreut mit seinen *beiden Eltern* einen Ausflug zu machen. Es soll nach Speyer ins Technikmuseum gehen und zwar mit dem ICE. Im Technikmuseum gibt es ganz viel, für das sich Leon interessiert. Es gibt *Autos, Flugzeuge, U-Boote und alte Eisenbahnen.* Leon mag alles was mit *Technik* zu tun hat und *experimentiert* auch gerne. Er *weiß schon ziemlich viel* was andere Kinder in seinem Alter noch nicht wissen und konnte zum Beispiel seiner	☺ ☺ ♥ ♥☺

Erzieherin erklären, was *Schwerkraft ist und weshalb das Wasser bei einem Wasserbahn nach unten läuft.* Leon ist *fünf Jahre alt* und *wohnt mit seinen Eltern in einem kleinen Städtchen.* Am liebsten spielt er mit seinen *Legosteinen* in seinen Kinderzimmer und denkt sich viele tolle Bauwerke aus, wie z.B. den Hafen in *Hamburg, wo er vor ein paar Monaten im Urlaub war.*	☺ ☺ ☺ ☺♥
	Einführung der Helferfigur
Immer dabei ist auch Schwimmy, sein Kuscheltier. Es ist ein kleiner, bunter Clown*fisch* mit *roten und weißen* Streifen. Leon mag vor allem, dass Schwimmy so *rot* ist und die Farbe richtig *leuchtet.* Clownfische werden auch Amphiprionpercula oder Trauerband-Anemonenfisch genannt. Dies klingt aber nicht so toll wie Clownfisch. Das klingt *lustig und fröhlich*, so wie sich Leon auch Schwimmy vorstellt, wenn dieser sprechen könnte. „Leon, kommst du bitte! Wir müssen los“, ruft Leons Vater. Leon schnappt sich Schwimmy und läuft zur Türe, wo schon seine Mutter mit	✋ ♥✋ ♥ ♥👓 ✋

dem Rucksack steht. Leon setzt sich in seinen *Fahrradanhänger, welcher hinten am Rad seiner Mutter angebracht* ist, und schon geht es los. An fünf Ampeln müssen sie auf dem Weg zum Bahnhof vorbei. Vier davon sind rot und deshalb müssen sie stehen bleiben.	☺
	Schilderung der Schwierigkeiten, Wertschätzung des Problems, Vorstellung des metaphorischen Konflikts
Leon wird schon ganz nervös. Warum nur schon wieder warten? Das dauert *und man weiß nie, wie lange man warten muss.* Plötzlich wird es einfach grün *ohne vorherige Ankündigung. Das mag Leon nicht. Er mag lieber etwas worauf man sich vorbereiten kann, etwas das man abschätzen kann.* Doch jetzt sind sie auch schon am großen Bahnhof angekommen. Seine Eltern schauen auf die Anzeigetafel auf dem gelben Papier, von welchem Gleis der Zug abfährt. „Wir müssen zu Gleis drei", stellt Leons Mama fest. Gemeinsam	ϟ ϟ ♥ ♥

laufen sie die Treppen zum Durchgang hinunter und dann wieder hoch. Am Bahnsteig ist alles leer. „Hmm, komisch“, wundert sich Leons Vater, „warum ist hier niemand? Der Zug soll doch in drei Minuten losfahren.“ „Oh, schau doch, auf dem elektronischen Anzeigeband steht, dass der Zug heute außerplanmäßig von Gleis eins fährt. Wir müssen zurück“, ruft Leons Mutter und rennt schon los. Leon weiß gar nicht wie ihm geschieht, als sein Vater ihn an die Hand nimmt und mit ihm losrennt. Er muss Schwimmy richtig fest halten, so schnell rennen sie. Gerade als sie oben am Gleis ankommen, fährt auch schon der Zug ein und sie können direkt einsteigen. Leon ist ganz außer Atem. Puh, das ging alles so schnell und er weiß gar nicht, wieso der Zug plötzlich von einem anderen Gleis abfährt. Leon sitzt gemeinsam mit seinen Eltern in einem Viererabteil, er am Fenster in Fahrtrichtung, gegenüber sein Vater und seine Mutter neben ihm. Schwimmy darf auf seinem Schoß sitzen. Der ICE fährt langsam los und wird immer schneller.	

	Kritische Situation
Gerade als sie in *Bad Nauheim, der nächst größeren Stadt,* vorbei sind, wird der Zug plötzlich langsamer und langsamer und bleibt stehen – mitten auf der Strecke. Leon sieht nur die Felder und Wälder, es gibt keinen Bahnhof in der Nähe. „Mama, Papa, warum bleibt der Zug stehen? Hier ist doch nichts“, fragt Leon seine Eltern. Seine *Stimme hört sich plötzlich so komisch an. Er fühlt sich auch so anders. Sein Magen fühlt sich schwer an und in seinen Armen und Beinen kribbelt es. Seine Augen werden schon ganz feucht* und am liebsten würde *Leon auf einmal weinen.* „Warum kann der Zug nicht einfach weiterfahren? Wir wollen doch nach Speyer.“ „Ich habe keine Ahnung, warum der Zug stehen geblieben ist – wir müssen wohl etwas warten“, meint sein Vater. „Wie lange denn?“, fragt Leon. „Keine Ahnung, es kam keine Durchsage“, antwortet seine Mutter und drückt ihn kurz, indem sie den Arm um ihn legt. Leon ist aber gar nicht nach Drücken zumute. Sonst mag er es, wenn seine Mutter ihn in den Arm nimmt, aber jetzt nicht.	☺ 👓 ϟ

Jetzt möchte er wissen, wann es weitergeht und was los ist. Er fühlt sich schlecht und seine Augen werden immer feuchter.	
	Auftreten der Helferfigur + Idee einer Lösung
„Blupp….Bluppp“, hört er da plötzlich. Irritiert schaut Leon sich um. Was ist denn das? Er kann nichts entdecken. „Blupp. Blupp…hier unten“, hört er da wieder. Und dann merkt er, dass es Schwimmy ist. Schwimmy, der plötzlich gar nicht mehr wie ein Clownfisch aus Plüsch ausschaut. Nein, er bewegt seine Augen und seinen Mund. „Hey Leon, endlich hörst du mich. Ich habe schon gedacht, du merkst nie, dass ich mit dir sprechen möchte.“ „Aber, aber seit wann kannst du denn sprechen?“, stammelt Leon und merkt dabei, dass seine Eltern ganz unbeteiligt weiter aus dem Fenster schauen und nicht mitbekommen haben, dass Schwimmy plötzlich spricht. „Die meisten hören mich auch nicht. Ich bin eigentlich stumm und leise, *aber wenn du mich brauchst*	

dann bin ich für dich da“, meint Schwimmy. „Ich habe gemerkt, dass du dich nicht gut fühlst, weil der Zug plötzlich stehen geblieben ist und niemand gesagt hat, warum er steht. Es weiß auch niemand, wann es weitergeht. *Das ist echt doof, wenn man warten muss und nicht genau weiß wie lange.* Ich kann verstehen, dass du dich deshalb nicht gut fühlst. Aber ich habe eine Idee: Lass uns ein Spiel daraus machen. Du kannst doch schon zählen. Jetzt zähle mal, wie lange es braucht, bis der Zug sich wieder in Bewegung setzt. Wenn der Zug weiterfährt, dann bittest du deine Mama die Zahl, die du gezählt hast, aufzuschreiben. Wenn der Zug nachher nochmal stehen bleibt, dann zählst du von Neuem und lässt es wieder aufschreiben. Am Ende deiner Reise kannst du schauen, wann der Zug am längsten und wann am kürzesten gestanden hat. *So kannst du ganz ruhig bleiben. Du wirst keine Angst mehr haben. Du bleibst ruhig und gelassen.*“	 Du-Botschaft

	Lösung mit neu eintretender Identifikation des Helden
Leon dachte nach: Hmm, das ist eine tolle Idee. So kann er forschen und herausfinden, wie oft ein Zug stehen bleibt und wie lange es jeweils dauert. Er fängt an zu zählen: „Eins, zwei....“ „Brei“, ruft Schwimmy plötzlich, als Leon gerade „drei“ sagen wollte. Leon muss lachen. Eins, zwei, Brei, vier und mümpf...das klingt *lustig*. Als Leon bei 18 angelangt ist, setzt sich der Zug wieder in Bewegung und fährt langsam los. „Leon, wir fahren weiter“, ruft sein Vater. „Ich weiß und ich habe nur bis 18 zählen müssen und dann war es soweit. Schwimmy hat mir eine tolle Idee verraten.“ Leon erzählt seinen Eltern davon, dass er nun jedes Mal zählen wird, wie lange er auf etwas warten muss und dass er auf diese Weise *ruhig und gelassen bleiben* kann. Seine Eltern schauen zwischen Leon und Schwimmy hin und her. Für sie sieht Schwimmy wie vorher aus, wie ein kleiner rot	Suggestion

leuchtender Fisch. Aber Leon weiß, dass es nicht so ist. *Wenn er Hilfe braucht, dann wird Schwimmy ihm helfen.*	☙
	Ausklang + Feier der Überwindung der Schwierigkeit, Würdigung der Lösung
Als sie im Technikmuseum angekommen sind, sagt sein Vater plötzlich: „Komm ich habe noch eine Idee. Es war heute so ein toller Tag und *du hast alles so klasse gemacht. Du bist ruhig und entspannt geblieben.* Ebenso hast du ausgehalten, als der Zug stehen geblieben ist. Dies sollten wir feiern“, und zeigt Leon den Museumsshop. „Hier sind Digitalarmbanduhren. Du darfst dir eine davon aussuchen. Jetzt kannst du immer genau stoppen wie lange etwas dauert.“ „Wow, eine eigene Uhr. Das ist ja richtig super“, freut sich Leon und sucht sich eine *rot* leuchtende Armbanduhr aus, welche genau die gleiche Farbe hat wie die Streifen auf Schwimmy.	☙ Du-Botschaft ♥

Beim Entwickeln von Geschichten ist es nicht notwendig eine komplett neue Geschichte zu entwickeln. Vorhandene Geschichten können modifiziert und adaptiert werden, sodass sie für das jeweilige Kind passen. Klassische Märchen können umgewandelt und an die Lebenswelt des Kindes angepasst werden. Auch in vielen anderen bekannten Büchern, Geschichten und Filmen für Kinder und Erwachsene lassen sich Elemente finden, welche es wert sind weitergetragen zu werden. So kann aus dem Straßenkehrer Beppo aus „Momo" (1973) von Michael Ende in einer neuen Geschichte der Bauarbeiter Enno werden. Dieser kann einem Kindergartenkind die gleiche Hilfestellung geben. Man kann alles „Schritt für Schritt" erledigen und soll nicht schon die ganze Straße betrachten, welche man vor sich hat.

Die Geschichte ist für einen sechsjährigen Jungen entstanden, der immer sehr schnell Ängste entwickelte, wenn ihm etwas zu schwer erschien. In der Geschichte geht es darum, dass der Vater von Hannes mit ihm am Nachmittag zu einem Spielplatz gehen möchte, auf welchem sich ein Klettergerüst befindet, das dem Protagonisten viel zu hoch erscheint. Er traut sich bisher nicht dieses auszutesten. Als Hannes sich am Morgen auf dem Weg zum Kindergarten befindet und gedankenversunken gegen den Bauzaun läuft, passiert in der Geschichte folgende Szene:

[…] Es waren die Straßenarbeiter, die den Weg neu pflasterten „Hoppla, da warst du in Gedanken wohl schon beim Spielen mit deinen Freunden gewesen", meinte ein älterer Bauarbeiter mit Bart und Bauarbeiterhelm freundlich. Doch Hannes war so erschrocken, dass er schon wieder Tränen in den Augen hatte. Alles geht schief und nichts schafft er. „Oh, oh, was ist den los?", fragte der Bauarbeiter, „du siehst traurig aus. Komm setz dich zu mir auf die Mauer dort vorne am Eingang deines Kindergartens und dann kannst du mir erzählen, was los ist. Ich bin übrigens Benno."

Hannes zögerte, setzte sich dann aber zu Benno auf die Mauer. „Papa will heute mit mir zu dem großen Spielplatz auf dem ich noch nicht gespielt habe. Und dort ist alles so neu und ich weiß nicht, ob ich auf dem großen Klettergerüst hoch komme", meinte Hannes. „Hmm, hmm", fing Benno an, „ ich kann verstehen, dass du Angst hast und nicht weißt, ob du das Klettergerüst schaffen kannst. Das sieht wirklich riesig aus. Mir geht es manchmal selbst so, dass ich bei manchen Aufgaben nicht weiß, ob ich das schaffen kann."

Das konnte Hannes nicht glauben. Dieser starke und große Bauarbeiter zweifelt selbst auch an manchen Sachen, ob er sie erreichen kann. Der sieht doch so aus, als ob er alles schaffen kann. „Ja, weißt du", erzählte Benno weiter, „mir geht es immer so, wenn wir an ein Feld kommen, auf dem bisher noch keine Straße war und wir eine neue darauf bauen sollen. Das sieht dann so groß und weit aus. Man sieht kaum das Ende. Es wird eine lange Strecke zu bauen sein. Ich kann mir dann kaum vorstellen, dass ich das schaffen kann. Aber weißt du, was mir hilft. Ich schaue mir immer nur den nächsten kleinen Schritt, den nächsten kleinen Abschnitt an, den wir bauen sollen. Und das ist kein Problem. Das kann ich schaffen, und so schaffe ich irgendwann die ganze Straße mit ganz vielen kleinen Abschnitten. So kannst du das auch machen, Hannes. Du kannst dies schaffen. Schaue dir bei dem Klettergerüst und anderen Aufgaben immer nur die nächste Stufe, den nächsten Schritt an. Diesen kannst du bewältigen. Auf diese Weise kannst du alles erreichen. Wenn manchmal etwas schwer erscheint, dann drehe ich mich um und sehe, was ich alles schon gebaut und geschaffen habe. Und das ist ganz schön viel. Bei dir ist das auch richtig viel, was du schon gelernt und geschafft hast. […] "

Im weiteren Verlauf der Geschichte bewältigt Hannes die Besteigung des Klettergerüsts, indem er den Rat des Bauarbeiters befolgt und nur Sprosse für Sprosse betrachtet und irgendwann gab es keine Sprosse mehr, sondern nur noch die Aussichtsplattform mit Rutsche.

Es gibt viele weitere Weisheiten, die man in Büchern und Filmen finden kann. Diese können und sollen weitergetragen und in neuen Geschichten verwandelt werden. So lassen sich zum Beispiel in den Büchern von Jorge Bucay (2007) oder Anthony de Mello (1988) viele kleine Geschichten finden, die in der Arbeit mit Kindern und Eltern genutzt werden können.

Folgende Zitate sollen anregen neue Geschichten zu erfinden und sollen inspirieren. Diese können mögliche Entwicklungs- und Lösungsansätze für die zu schreibende Geschichte sein. Die Fantasie soll beflügelt werden und die Gedanken können anfangen zu spielen.

- „Es ist verrückt alle Rosen zu hassen, nur weil dich eine gestochen hat. Es ist verrückt all deine Träume aufzugeben, nur weil sich einer nicht erfüllt hat." (aus *Der kleine Prinz*, Antoine de Saint-Exupéry, 1943)

- „Es sind nicht unsere Fähigkeiten, die zeigen, wer wir sind – sondern unsere Entscheidungen." (aus *Harry Potter und die Kammer des Schreckens,* Joanne K. Rowling, 1999)

- „Es verlangt sehr viel Tapferkeit, sich seinen Feinden in den Weg zu stellen, aber wesentlich mehr noch, sich seinen Freunden in den Weg zu stellen.“ (aus *Harry Potter und der Stein des Weisen,* Joanne K. Rowling, 1998)

- „Du kannst Veränderungen nicht aufhalten. Genauso wenig, wie du die Sonnen daran hindern kannst, unterzugehen.“ (aus *Star Wars Episode 1 – Die dunkle Bedrohung,* R. McCullum & G. Lucas, 1996)

- „Oh ja, die Vergangenheit kann wehtun. Aber so wie ich das sehe, kann man entweder davor davonlaufen oder daraus lernen." (aus *König der Löwen,* D. Hahn & R. Allers et al, 1994)

- „Du wirst auch mal schlechte Phasen durchmachen, aber das lenkt deine Aufmerksamkeit auf die guten Dinge, die du vorher vernachlässigt hast." (aus *Good Will Hunting,* L. Bender & G. Van Sant, 1997)

- „Und warum fallen wir, Bruce? Damit wir lernen können, uns wieder aufzurappeln." (aus *Batman begins,* E. Thomas et al & C. Nolan, 2005)

Literatur

Bucay, J. (2007). *Komm, ich erzähl dir eine Geschichte.* Frankfurt am Main: Fischer Taschenbuch.

Ende, M. (1973). *Momo.* Stuttgart: Thienemann-Esslinger Verlag Gmbh.

Mello, A. de (1988). *Warum der Schäfer jedes Wetter liebt – Weisheitsgeschichten.* Freiburg: Verlag Herder.

Rowling, J. (1998). *Harry Potter und der Stein des Weisen.* Hamburg: Carlsen Verlag.

Rowling, J. (1999). *Harry Potter und die Kammer des Schreckens.* Hamburg: Carlsen Verlag.

Saint-Exupéry, A. (1943). *Der kleine Prinz,.* New York: Reynal & Hitchcock.

Filme

Allers, R. & Minkoff, R., (1994). *König der Löwen,* USA, Don Hahn.

Lucas, G., (1996). *Star Wars Episode 1 – Die dunkle Bedrohung;* USA, Lucasfilm.

Nolan, C. (2005). *Batman begins,* USA & GB, Thomas E. et al.

Van Sant, G., (1997). *Good Will Hunting,* USA, Lawrence Bender.

4. Weiterverwendung von Geschichten

Nachdem die Geschichte für das betreffende Kind in einem ruhigen Rahmen mit genügend Zeit vorgelesen wurde, kann es hilfreich sein, zur Verfestigung der gehörten Inhalte die Geschichte auf unterschiedliche Arten weiterzuverwenden.

Kunsttherapeutische Arbeiten

Je nach Kind und Interesse kann dies sehr unterschiedlich ausfallen, so können bestimmte Szenen aus der Geschichte danach gemalt werden. Das Gehörte kann in den unterschiedlichen Phasen dargestellt oder nur nochmal der Triumph, das Lösen des Problems, visualisiert werden. Dem Kind kann die Freiheit gegeben werden, das auf Papier zu bringen, was ihm selbst dazu einfällt, was es für sich mit- und annehmen möchte.

Es kann sich auch anbieten, anschließend die auftretende Helferfigur zum Beispiel als Stärketier entstehen zu lassen und sie dem Kind als Anker mitzugeben. Die Herstellung kann mit Karton, Pappmaché und Kleister oder auch mit Stoff und Watte erfolgen. Dieses Basteln ist nochmal ein langer Prozess. Das Kind kann selbst bestimmen, welche Eigenschaften sein Stärketier haben soll. Ist es eher groß und beschützend oder klein und kann heimlich in der Hosentasche unterstützen. Man kann durch das Kreieren nochmal weitere Fragen stellen, um den Helfer und

Begleiter greifbarer in der Fantasie des Kindes zu machen. Was isst denn der oder diejenige gerne? In welcher Sprache sprecht ihr zueinander? Und können andere auch mit ihm oder ihr kommunizieren oder nur du? Ist dein oder deine Freund*in eher langsam oder schnell, laut oder leise?

Rollenspiel

Spielt das Kind selbst gerne Geschichten, kann man das Gehörte auch in verschiedene Rollenspiele einfließen lassen. So können weitere alternative Lösungsideen für das Problem entstehen. Im Spiel kann in verschiedenen Rollen nochmal verbalisiert werden, wie schwierig es ist vor dieser Herausforderung zu stehen, wie groß das Problem doch erscheint und wie schwierig es ist Rückschläge zu erleiden. Ebenso kann aber das Finden einer Lösung, das Bewältigen des Konflikts, das Erreichen einer Einigung bewundert und gefeiert werden.

Netzwerkarbeit

Als wichtig hat sich erwiesen, die Geschichte den Eltern oder anderen Bezugspersonen weiterzugeben. So kann das Kind auch von anderen Personen und in anderen Situationen, zum Beispiel vor dem Einschlafen, nochmal der Geschichte lauschen. Das Kind kann selbst ein Gespür dafür entwickeln, wann es die Geschichte noch einmal gerne hören würde.

Manche Eltern entwickeln durch das Lesen der Geschichte und die eventuell beobachtbare Wirkung auf ihr Kind die Lust und Kreativität, eigene Geschichten zu schreiben oder zu erzählen. Im Idealfall kann auf diese Weise spontaner mit einer Geschichte auf neue Schwierigkeiten des Kindes reagiert werden.

Arbeiten noch andere Fachkräfte mit dem Kind, kann es zur Verfestigung dienen, wenn diese auch die Geschichte lesen. So arbeitete eine Ergotherapeutin und ich gemeinsam mit einem Kind an dem Thema Barfußlaufen. Das Mädchen hat eine Autismusdiagnose und verschiedene Wahrnehmungsauffälligkeiten. Unter anderem weigerte es sich lange Zeit barfuß zu laufen. In einer dazu geschriebenen Geschichte konnte die Protagonistin Lana dadurch, dass sie sich getraut hat barfuß auf nassen Steinen zu gehen, das Kuscheltier ihres besten Freundes retten. Die Ergotherapeutin übertrug dies nun in ihr Therapiesetting, indem sie und das Mädchen "wie Lana" versuchten barfuß auf der blauen Weichbodenmatte, auf welcher graue Filzkissen lagen, zu laufen. Mittlerweile trägt das Mädchen im Alltag Barfußschuhe und bewegt sich im Sommer barfuß auf Wiese und sandigem Untergrund fort.

Geschichte als Audiodatei

Je nach familiärem Hintergrund gibt es für manche Kinder nicht die Möglichkeit jemanden im häuslichen Umfeld zu finden, der eine gehörte und mitgegebene Geschichte erneut vorlesen kann. Dies ist im Vorhinein zu beachten und zu überlegen, auf welche Weise die Geschichte auch im Alltag weiter einbezogen werden kann. So kann man im Vorhinein mit anderen professionellen Netzwerkpartnern*innen, wie den Erziehern*innen sprechen. Diese sollen wissen, dass eine Geschichte für das Kind entstanden ist. Auch soll ihre Bereitschaft eingeholt werden, dem Kind anzubieten ebenfalls die Geschichte vorzulesen.

Eine Möglichkeit, um dem Kind etwas mehr Autonomie zu ermöglichen, ist die Geschichte als Audiodatei einzusprechen und den Eltern bei fehlenden Deutschkenntnissen aber vorhandenen mobilen Geräten als Sprachnachricht zu schicken. Das Kind kann sich nun das Mobiltelefon seiner Eltern ausborgen und selbstständig die Geschichte hören. Auf diese Weise erlebt das Kind beim wiederholten Hören eventuell das Gefühl, welches es in dem sicheren Rahmen der Förderstunde fühlen konnte.

Inszenierte Geschichten

Gabriele Weiss

Gerade in der heilpädagogisch-therapeutischen Arbeit finden wir unterschiedliche Formen, Geschichten mit methodischen Zugängen zu kombinieren:

In der Heilpädagogischen Spieltherapie sind Rollenspiele ein zentrales Element kindlichen Ausdrucks: in seinen Spielgeschichten zeigt uns das Kind seine emotionalen Themen, seine Wünsche und Fantasien und bearbeitet auf diese Weise auch negative Erfahrungen und Herausforderungen. (Simon, Weiss 2018) Kinder greifen häufig auch auf bestehende Geschichten zurück und Held*innen, mit denen sie sich gut identifizieren können.

In der expressiven Psychomotorik (vgl. Köckenberger 2016 S. 223-242) kombinieren wir psychomotorische Herausforderungen wie die Balance über eine Bank oder das Auflesen von Materialien von der Schaukel aus mit einer Ritter- oder Piratengeschichte, in der der Protagonist entsprechende Wege bewältigen muss, um z.B. den Schatz des Königs zu finden. Anregungen finden sich auch bei Cardenas und der Diagnostik mit Pfiffigunde. (Cardenas 2009)

Mit Hilfe der Jeux Dramatiques, einer theaterpädagogischen Methode, können wir mit Hilfe von Tüchern und Kleinmaterial Geschichten inszenieren, für eine Kindergruppe oder auch ein einzelnes Kind: wir erzählen die Geschichte, jedes Kind entscheidet sich, welche Rolle es in der Geschichte übernimmt, und als Erzählerin begleiten wir die Kinder durch die Geschichte. So können auch Kinder mit wenig Sprache oder kognitiven Einschränkungen mitspielen. (Vgl. Weiss 1999). Im Erzählen geben wir den Kindern Sicherheit durch die bekannte Geschichte, greifen aber auch die individuellen Ideen auf, die jedes Kind beiträgt, soweit es die gemeinsame Geschichte nicht sprengt.

Im psychodramatischen Setting entwickeln wir mit der Kindergruppe oder auch einem einzelnen Kind eine eigene Geschichte, die wir dann in ein gemeinsames Spiel umsetzen, das uns als Begleiter*innen therapeutische Interventionen sowohl aus unserer mitspielenden Rolle heraus ermöglicht, als auch aus der Rolle der Pädagogin oder Therapeutin. (Weiss 2010) Aus der Art, wie eine Kindergruppe oder auch ein Kind im Einzelsetting eine Geschichte entwickelt, zeigen sich emotionale Themen, kindliche Bedürfnisse, aber auch kindlicher Schmerz und Zorn. Dadurch dass Kinder ihr Spiel so anlegen, dass sie auf alle Fälle Spaß dabei haben, übernehmen sie in der Regel die Rollen der Starken und Mächtigen und übertragen den Erwachsenen die Rollen der Ohnmächtigen, der Dienenden. Damit ermöglichen sie uns, die dahinter liegenden Gefühle zu erspüren und stellvertretend auszudrücken. Aus der jeweiligen Spielgeschichte heraus können wir dem Kind helfen, sein Spielrepertoire kreativ zu erweitern und neue Lösungen zu entwickeln. (Fryszer, 2.1995 S.169-187, Weiss 2023)

Im kunsttherapeutischen Setting entwickeln sich Geschichten häufig aus Bildern – oder Bilder entstehen zu den berührendsten Szenen einer Geschichte. Und diese Szenen können für jedes Kind ganz andere sein, als wir sie erwarten. (Vgl. Roth in diesem Buch, S. 94)

Auch im hypnotherapeutischen oder im lösungsorientierten Setting mit Kindern greifen wir auf Geschichten zurück, die Herausforderungen anbieten und mögliche Lösungen vorschlagen. Für das Kind kann dies auch eine Möglichkeit sein, für sich herauszufinden: Nein, diese Lösung passt für mich nicht, ich finde eine andere. Geschichten wirken dann wie kleine Impulse zum Nachdenken und sich entscheiden. (Vgl. Wirl 2009, 2014)

Nicht zuletzt ermöglichen uns diese psychodramatischen Inszenierungsformen auch in Einzelfällen, Geschichten mit ganzen Familien zu inszenieren und ihnen so gemeinsame positive Spielerfahrungen zu machen (Weiss 1999, 2010, S.193-197).

Literatur

Cardenas, B. (2009). *Diagnostik mit Pfiffigunde.* Dortmund: borgmann.

Fryszer, A. Fryszer, A. (1995). *Das Spiel bleibt Spaß.* In: *Psychodrama 2/1995, Themenschwerpunkt Kinder*; inScenario, 169-187; Köln.

Köckenberger, H. (2016). *Expressive Psychomotorik – Psychomotorik im Kontext des Psychodramas.* In: Köckenberger, H., (Hrsg.))(2016). *Vielfalt als Methode.* S.223-242; Dortmund: borgmann media.

Simon, T., Weiss, G. (2018) *Heilpädagogische Spieltherapie.* Stuttgart: Klett Cotta.

Weiss, G. (1999): *Wenn die roten Katzen tanzen. Jeux dramatiques für sozial- und heilpädagogische Berufe.* Freiburg: Lambertus Verlag.

Weiss. G. (2010): *Kinderpsychodrama in der Heil- und Sozialpädagogik;.* Stuttgart: Klett Cotta.

Weiss. G. (2023). *Kreativität im Kinderpsychodrama.* In: *Berufs- und Fachverband Heilpädagogik eV (BHP)*((Hrsg.)(2023) Heilpädagogik.de, 2.2023, S. 6-10

Wirl, Ch. (2014). *Therapeutische Geschichten und Metaphern – Die Drei-Ebenen-Kommunikation*; In: Mrochen, S., Holtz, K.L., Trenkle,B. (Htsg.)(2014). *Die Pupille des Bettnässers.* S. 60-83; Heidelberg: Carl Auer Verlag. .

Wirl. Ch. (2009). *Es war einmal – über das Erfinden von Märchen und (therapeutischen) Geschichten*; In: Vogt-Hillmann, M., Burr, W. (Hrsg) (2009) *Kinderleichte Lösungen.* S. 47-67; Dortmund: borgmann.

5. Eltern in der Frühförderung

Gabriele Weiss

Arbeiten wir mit Kindern im Rahmen der Frühförderung, arbeiten wir immer auch mit den Eltern; Eltern in besonderen Situationen.

Alle Eltern träumen von einem Kind, auf das sie stolz sein können, weil es schön, kompetent und zugewandt ist und sich so entwickelt, wie sie sich das vorgestellt haben und von Freunden und Verwandten kennen. Dann sind sie plötzlich mit Diagnosen konfrontiert, die diesen Traum in Frage stellen, zumindest tief erschüttern können.

Viele Eltern reagieren auf solche Nachrichten, indem sie alles tun, was ihnen möglich ist, ihr Kind zu unterstützen, einige wenige auch weit über ein gutes Maß hinaus. Andere Eltern suchen nach Schuldigen, entweder bei sich selbst oder auch bei anderen, reagieren verletzt und zornig oder verweigern jegliche Zusammenarbeit. Vielleicht holen sie sich auch Unterstützung innerhalb der Familie oder innerhalb ihres eigenen sozialen Netzes und wir Fachfrauen und -männer wissen davon nichts.

Wieder andere verstehen nicht, was die medizinischen und pädagogischen Fachkräfte meinen, denn für sie ist ihr Kind gut wie es ist und alles andere wird sich auswachsen. Früher oder später.

Zwischen all diesen Gedanken, Emotionen und Erwartungen müssen wir uns bewegen, müssen trösten, aber auch Wege aufzeigen, müssen Eltern verstehen und gleichzeitig für die Interessen des Kindes sprechen, müssen vermitteln zwischen pädagogischen Fachkräften und den Wünschen, Bedürfnissen und Forderungen der Eltern. Manchmal müssen wir auch das Kindeswohl und dessen Gefährdung im Auge behalten.

Manchmal müssen wir Übersetzer*innen sein zwischen kindlichen und erwachsenen Erfahrungswelten. Natürlich ist unsere Hauptaufgabe die Beratung und die direkte Begleitung im Alltag und in den Förderstunden.

Geschichten, die wir Kindern erzählen, oder die wir für Kinder schreiben, können so auch als Hilfen für Eltern gesehen werden, ihr Kind besser zu verstehen.

So suchen wir nach Bilderbüchern, in denen ein Kind ungeschickt ist, ängstlich, Alpträume hat, nicht einschlafen möchte, Angst vor dem Friseurbesuch hat oder mit dem Tod der Familienkatze nicht zurecht kommt. Für die meisten dieser Kindersorgen gibt es gute und empathische Bilderbücher, manchmal aber müssen wir Texte selber verfassen oder gemeinsam mit dem Kind entwickeln, um die emotionale Situation genau zu treffen.

Für Dominik, einen Jungen, der vor der Einschulung steht und sich rigoros verweigert, schreibe ich eine Geschichte von einem ängstlichen Jungen, Tatonka, in einem weit entfernten Land, der als Initiationsritus seines Stammes drei Aufgaben zu erfüllen hat: er muss einen Feuerstein finden,

den ausgefallenen Zahn eines Fisches und drei Haare aus dem Schwanz eines Elefanten. Zwei Aufgaben gelingen ihm mit Hilfe seiner Freunde gut, an der dritten scheitert er und schämt sich sehr. Er hat Angst, die Eltern könnten ihn nicht mehr lieben, weil er versagt und ihnen Schande bereitet habe. Für Tatonkas Eltern und die Stammesältesten jedoch ist weniger wichtig, dass ihm alles sofort gelingt, sondern für sie zählt, dass er den Mut aufgebracht hat, sich der Aufgabe zu stellen.

Ich lese diese Geschichte Dominik vor und gebe sie ihm auf Datenträger auch mit nach Hause. In der darauffolgenden Woche spricht mich der Vater an: diese Geschichte sei ja genau so, wie er das bei ihnen zuhause erlebe, woher ich das so genau wisse. Dominik habe sich die Geschichte jeden Tag mehrfach angehört und damit die Erwachsenen – wohl oder übel – auch. Mit der Zeit hätten sie auch als Eltern verstanden, dass es auf den ersten Schritt ankommt, auf den Mut, sich der Herausforderung zu stellen, nicht primär auf den Erfolg. Wochen später schaffte es der Junge, auch mit Hilfe einer Lehrerin, die Schulhaus-Schwelle zu überwinden, später gelingt ihm auch der regelmäßige Schulbesuch , zwar mit Ängsten und Krisen, aber ohne Verweigerung. (Vgl. auch Weiss 2008, in Simon&Weiss 2008, S. 150-154)

Diese Geschichte zeigt dem kognitiv sehr kompetenten und wissbegierigen Jungen, dass er nicht allein ist mit seiner Angst, und dass auch andere Kinder vor

Herausforderungen stehen, denen sie sich nicht gewachsen glauben, denen sie sich aber trotzdem stellen müssen. Den Eltern gibt sie „über die Bande" den Impuls, auch die kleinen Schritte wahrzunehmen, die ihr Sohn ja macht: er steht auf, er zieht sich an, er packt seinen Pausensnack ein, er macht sich auf den Weg – manchmal muss er allerdings unterwegs schon umdrehen und manchmal kommt er sogar vor der Tür der Schule an, ehe ihn der Mut verlässt.

Und so wie die Eltern sehen, dass er sich bemüht, müssen sie auch erkennen, dass sie – wie auch die Großeltern - ihm doppelbödige Botschaften signalisiert haben: Tu, was jetzt dran ist und sei erfolgreich – aber lass uns nicht alleine, bleib weiter unser kleiner Junge. Ihre Aufgabe ist jetzt, den kleinen Jungen auch loszulassen, ihn seine Entwicklungsaufgaben meistern zu lassen: Freunde zu finden, sich von zuhause einen weiteren Schritt abzunabeln, eigenständig zu lernen. Insbesondere für seine Mutter heißt dies auch, sich ihren eigenen beruflichen Aufgaben wieder zu stellen, evtl. sich auch neu zu orientieren, nachdem auch das letzte ihrer Kinder eingeschult ist. Dieser Herausforderung war sie eher aus dem Weg gegangen, denn ihr ängstlicher jüngster Sohn hatte sie ja gebraucht.

Solche Geschichten stützen sich häufig auf einen Ursprungstext – diesmal einer Weisheitsgeschichte von Anthony de Mello - und können in kleinen, individuell angepassten Variationen immer wieder eingesetzt werden.

Gemeinsam mit Tabea, einem Mädchen, das nach dem Umzug der Familie aus einer weit entfernten Stadt in einen neuen Kindergarten kommt, dort aber keine Freunde findet, schreibe ich eine Geschichte über den Schmerz eines Kindes, das lange nach einem Freund, einer Freundin sucht und mehrfach enttäuscht wird, ehe es ihm gelingt, Kontakt zu einem anderen Kind herzustellen. Die Mutter ist betroffen: sie hatte immer gedacht, es liege an ihrer Tochter, die sich nicht ausreichend anstrenge und nicht nett genug sei zu anderen. War ihre Tochter doch zuhause häufig die, die „anders war" als ihre älteren Geschwister, aufmüpfiger, die schneller an ihre Grenzen kam und auch mal ausflippte, wie der Vater formulierte. Dass Kinder kurz vor der Einschulung aber häufig schon ihre „festen Freunde" haben und nicht immer offen sind für neue Kinder, hatten beide Eltern nicht ernst genug genommen, zumal sie selber auch mit der Eingewöhnung in der neuen Stadt und den neuen Jobs zu kämpfen hatten.

Diese Geschichte ist weniger eine Geschichten *für* Tabea, sondern wir schreiben gemeinsam eine Geschichte, die genau so ist wie ihre eigene. Den Schmerz und die Enttäuschung eines Mädchens, genannt „Stefanie", aufzuschreiben, hilft Tabea, sich ihre Gefühle noch einmal von außen anzusehen und gleichzeitig sich auch zu erinnern, was sie alles schon ausprobiert hat. Beim Erzählen und Diktieren kommen dann auch die Erinnerungen an früher, die Zeit in der anderen Stadt und was sie dort mit ihren Freunden gemacht hat. So ergeben sich auch Ideen: eine Spielgeschichte mitbringen und initiieren, mit der Erzieherin zusammen eine Bastelidee vorschlagen. Deutlich wird auch: alleine wird Tabea das nicht schaffen, die Bezugserzieherin muss mit ins Boot geholt werden und ihr im Alltag den Rücken stärken. Zuhause gibt es Gespräche über Freundschaften und Trauer, über Trennungen, denn auch die älteren Geschwister und die Eltern haben ähnliche Erfahrungen gemacht. Wichtig ist, nicht nur über die Erfolge zu sprechen, sondern auch über den Schmerz und die Enttäuschungen. Tabea stellt fest, dass sie ja doch schon mit einigen Kindern gespielt und auch schon zwei Einladungen bekommen hatte. Im Bild von „Tabea, der Misslaunigen, der Unausstehlichen." war dies komplett untergegangen, auch in ihrer eigenen Erinnerung. Ziel war also auch, mit ihr an einem positiveren Selbstbild zu feilen – eine Aufgabe, in die auch die Eltern und Geschwister gut einzubeziehen waren. Die Geschichte hatte als minimal cue, als kleiner Impuls eine Entwicklung innerhalb der Familie in Gang gesetzt und eine neue Form der Nähe etabliert.

Ein Junge mit Erschwernissen im Bereich der Handlungsplanung und Umsetzung und einem zunehmenden Bewusstsein über seine Schwächen entdeckt ein Bilderbuch, dessen Geschichte ihm aus dem Herzen spricht:

Ein Junge muss vor der Einschulung dringend lernen, wie man Schuhe bindet, schafft es aber einfach nicht, sich die komplizierte Prozedur zu merken, bis er eines Tages von einem leibhaftigen Drachen bedroht wird, den er nur besiegen kann, indem er ihn an einem Baum festbindet. Dazu braucht er allerdings die Fähigkeit, Knoten und Schleifen zu binden. Und jetzt, wo er weiß wofür, kann er sie in Rekordgeschwindigkeit auch lernen und anwenden.

(Vgl. Bilderbuch: Gebhard, W. (2002). *Was Benni alles kann*, leider vergriffen)

Im Rahmen der Frühförderung sind solche Neuverknüpfungen von Fähigkeiten und ihren Nutzen leicht zu entwickeln: Mit Joel, einem motorisch eingeschränkten Jungen werden die psychomotorischen Übungen verknüpft mit Rittergeschichten: ein junger Ritter bekommt allerhand Aufgaben, für die er über eine Brücke balancieren oder über eine Mauer klettern muss, um sie erfüllen zu können. Wo in der Förderung im Raum aus Sport- und Psychomotorik-Materialien entsprechende Landschaften aufgebaut werden, werden die Eltern ermutigt, sich auch im Alltag diese Geschichten zu nutzen und ihm zu erlauben, auf einer niedrigen Mauer zu balancieren, auf dem Spielplatz auf der Piratenburg zu klettern, auch wenn er dabei mehr Hilfe braucht als andere Kinder und vielleicht auch einmal ein angeschlagenes Knie die Folge ist. Nicht nur der Junge muss seine Ängste überwinden, sondern auch die Eltern, die ihn gerne vor allen Verletzungen bewahren wollen und dabei vergessen, dass sie ihm den Mut auch zutrauen müssen, damit er heldenhafte Erfahrungen nicht nur in der Fantasie, sondern auch in echt machen kann.

Genauso kann mit einem Kind überlegt werden, wofür manche Kompetenzen gebraucht werden: Knoten machen und Schleifen binden braucht man nicht nur, um selber die Schuhe anziehen zu können, sondern auch, um ein wildes Tier oder ein Monster an einen Baum zu binden, einen feindlichen Piraten an den Mast zu fesseln, eine Seilbrücke über einen reißenden Fluss zu knüpfen o.ä..

Im Bilderbuch vom kleinen Bruder Watomi (Recheis 1988) findet sich das Beispiel des kleinen Bruders, der in allem weniger gut ist als sein großer Bruder. Eigentlich logisch. Darüber hinaus ist er aber auch noch zurückhaltender und ruhiger als der Bruder und auch die verwandten Männer. Genau dieses vorsichtige Verhalten aber hilft ihm dabei, das Vertrauen eines verletzten Pferdes zu gewinnen.

Listen von sinnvollen Bilderbüchern zu Themen wie Trennung und Scheidung, Trauer und Verlust o.ä. gibt es von entsprechenden Beratungseinrichtungen, aber auch von Verlagen, z.B. die Liste von Kinderfachbüchern des Mabuse-Verlags: zu vielen Themen wie der psychischen Erkrankung oder der Suchtproblematik eines Elternteils. Meist sind die Bücher eher für ältere Kinder, aber sie geben wertvolle Impulse für Gespräche mit Kindern oder das Verfassen ähnlicher, aber weniger komplexer Geschichten speziell für ein Kind.

Weiterführende Links zu Kinderbüchern und Fachbüchern zu verschiedenen Themen:

www.mabuse-verlag.de/Produkte/Mabuse-Verlag/Unsere-Buecher/Kinderfachbuecher/

www.carl-auer.de/programm/carl-auer-kids

www.bistum-eichstaett.de/fileadmin/ehe-und-familie/kinderpastoral/buecherliste-trauer.pdf

www.kinderbuch-couch.de/themen/36-tod-und-trauer/

www.sfh-muenster.de/fileadmin/daten/mandanten/sfm/Seelsorge/Sternenkinder/Liste_Kinderbuecher_zum_Thema_Sternengeschwister.pdf

Literatur

Gebhard, Wilfried (2002). *Was Benni alles kann.* Oldenburg: Lappan Verlag; leider vergriffen.

Recheis, K.; Krömer, A. (2001). *Kleiner Bruder Watomi.* Freiburg: Herder Verlag.

Vallés, C. (1994). *Der rücksichtsvolle Dieb.* Freiburg: Herder Verlag.

Weiss, Gabriele (2008).*Therapeutische Geschichten* erschienen in Simon, Traudel; Weiss, Gabriele. *Heilpädagogische Spieltherapie. Konzepte – Methoden – Anwendungen.* Stuttgart: Klett Cotta.

6. Aus dem Alltag der Frühförderung

Seit nun mehr als 10 Jahren arbeite ich in unterschiedlichen Arbeitsstellen mit dem Klientel der Frühförderung. Dieses reicht von sehr stark eingeschränkten Kindern, die meist schon von Geburt an eine Diagnose aufweisen, zu jenen, die in den ersten Lebensjahren Auffälligkeiten in ihrer Entwicklung oder ihrem Verhalten entwickeln bis zu denen, welche schwierige Lebensumstände erfahren haben. So ist es in der Arbeit mit den verschiedenen Kindern sehr unterschiedlich, wie Geschichten eingesetzt werden. Dies hängt vom Entwicklungsalter und vom Sprachvermögen des Kindes, sowie von der Aufmerksamkeitsfähigkeit ab. Exemplarisch stelle ich nun Auszüge aus Geschichten für verschiedene Kinder und Situationen vor, in welchen ich Geschichten als Medium gewählt habe, um die Kinder und/oder Eltern zu unterstützen. Die Geschichten sind zum Schutz der Kinder und Familien maximal anonymisiert.

Lana - Zyklus – Geschichten zu Alltagsthemen

Mit drei Jahren kam Lisa zu mir in die heilpädagogische Frühförderung. Lisa wurde in der 31. Schwangerschaftswoche geboren. Relativ früh erfolgte noch eine Diagnose im Autismusspektrum. Lisa erhält neben Heilpädagogik auch Ergotherapie und Physiotherapie, da sie sehr unsicher in ihren

Bewegungsabläufen und ihrer Wahrnehmung ist. Lisa ist ein kognitiv fittes, sehr freundliches aber auch schüchternes Mädchen, welches etwas Zeit brauchte um sich wohl in der Frühförderstelle zu fühlen. In ihrer Freizeit ist Lisa am liebsten Zuhause mit ihren beiden Schwestern und hört stundenlang Geschichten. Sie mag es weniger nach draußen auf den Spielplatz zu gehen. Im Kindergarten hat sie einige wenige feste Freunde. In einer für sie sicheren Umgebung hat Lisa gelernt zu verbalisieren, was sie nicht mag und was sie stört. So kann sie genau sagen, wenn ihr etwas zu laut ist, sie sich etwas nicht zutraut, ihr etwas Angst macht oder sich etwas auf der taktilen Ebene nicht gut anfühlt. Sie selbst sagt von sich, dass sie nicht mutig sei. Es fällt ihr schwer sich an Situationen zu erinnern, in welchen sie fröhlich war. Im Kindergarten und in der Frühförderung ist Lisa ein sehr angepasstes und ruhiges Mädchen. Nur vertraute Personen können merken, wenn ihr etwas zu viel wird. Zuhause hat Lisa immer wieder starke Wutanfälle, in welchen die Eltern sie nicht erreichen und beruhigen können. Kleine Situationen, in denen etwas nicht so läuft, wie sie möchte, werden für Lisa zu viel und sie hat keine Idee mehr, wie sie damit umgehen kann. Dies wird durch veränderte Abläufe wie Kindergartenferien gesteigert.

Als Lisa fünf Jahre alt wurde, gab es wegen ihres Schielens die medizinische Notwendigkeit, dass sie für einige Stunden am Tag ein Augenpflaster tragen solle. Lisa empfand dies als sehr unangenehm und wehrte es immer wieder ab. In verschiedenen Elterngesprächen wurde überlegt, wie Lisa mehr Akzeptanz für das Augenpflaster bekommen könne. So entstand die Idee eine Geschichte für Lisa zu schreiben. Die Figur der Prinzessin Lana wurde erschaffen. Lana lebt in einem unbekannten Land und erlebt verschiedene Abenteuer, die Bezug zu der Lebenswelt und den Herausforderungen von Lisa nehmen.

In der Geschichte über das Augenpflaster empfindet Lana dieses Tragen als sehr unangenehm und kann nicht verstehen, was dies bringen soll.

> […] Um sich abzulenken ging sie gemeinsam mit ihrem Kuscheltierbären Elsa im Schlossgarten spazieren. Das Augenpflaster juckte und Lana konnte nicht verstehen, warum das Pflaster ihr helfen solle. Gerade als sie daran ein bisschen herumdrückte, bemerkte sie, dass Louis, der Sohn des Stallburschen, auf dem Hügel stand. Louis war zwei Jahre älter als Lana und hatte immer wieder tolle Ideen, was man spielen kann. Aber Lana war sich manchmal etwas unsicher, ob Louis sie nicht blöd findet, da sie noch so jung ist. Trotzdem lief sie zu ihm hin. Louis hatte ein langes Rohr in der Hand und hielt dies immer wieder an seinen Kopf.
>
> „Was machst du denn da?“ fragte Lana. „Ach, hallo Lana. Ich habe hier ein Fernrohr von meinem Vater bekommen und soll damit versuchen die Katze Mara zu sehen, die vor zwei Tagen

> weggelaufen ist." Lana hatte schon gehört, dass Mara, die Stallkatze, die alle Mäuse fängt, plötzlich verschwunden war und keiner sie mehr finden konnte. „Das blöde Fernrohr funktioniert aber nicht", meinte Louis auf einmal und wollte das Fernrohr gerade wegschmeißen. Doch Lana sagte: „Warte. Lass es mich doch einmal versuchen." Louis erwiderte: „Ach du wirst doch bestimmt auch nichts sehen. Du hast ja eh nur ein Auge durch das Pflaster", aber er reichte Lana doch das Fernrohr. Lana versuchte durchzuschauen. Louis hatte Recht. Sie sah wirklich zuerst nichts. Sie wollte Louis schon wieder das Fernglas reichen, bis sie plötzlich merkte, dass sich ihr Auge an dieses komische Sehen durch die Röhre gewöhnt hatte und sie weit in die Ferne sehen konnte. […]

In dieser Geschichte rettet Lana so die Katze Mara und lernt ihr Augenpflaster zu akzeptieren. Beim ersten Vorlesen hörte Lisa sehr aufmerksam zu und forderte mich auf die Geschichte noch ein zweites Mal vor zu lesen. Auch Zuhause verlangte sie immer wieder die Geschichte zu hören. Die nächsten Wochen trug Lisa ihr Augenpflaster mit immer weniger Widerwillen.

Durch die positive Reaktion von Lisa auf die Augenpflastergeschichte entwickelte sich die Idee, auch andere Schwierigkeiten im Alltag von Lisa in Geschichten zu verpacken.

So entstand eine Geschichte, in welcher die Protagonistin Lana wütend wird, weil sie nach dem Toilettenbesuch nicht selbstständig ihren Hosenreißverschluss zubekommt und sich deshalb Klopapier, welches sie in einem Wutanfall weggeworfen hat, entrollt.

Im Voraus wurde mit der Mutter von Lisa erarbeitet, dass bei Wutanfällen am besten sowohl der Opa als auch Geschichten beruhigen können. Es wurde die Idee entwickelt, dass es vorgefertigte Sprachnachrichten gibt, in welchen der Opa kurze Geschichten vorliest. Diese kann Lisa bei Bedarf hören, wenn sie merkt, dass sie wegen Kleinigkeiten wütend wird. Auf eine ähnliche Idee kam nun auch Lana in der Geschichte. Das Hören der Geschichte konnte mit den Audiodateien in den Alltag Zuhause integriert werden.

In weiteren Geschichten erfährt Lana Hilfe beim nervigen Zähneputzen durch das Hören ihres Lieblingslieds und wie man sich beim nächtlichen Aufwachen helfen kann. Eine Geschichte für Lisa war auch die Geschichte über das Barfußlaufen, welche im Kapitel „Netzwerkarbeit“ in diesem Buch erwähnt wurde.

Im Verlauf der heilpädagogischen Förderung sind viele verschiedene Geschichten für Lisa entstanden, welche gleichzeitig die schon vorhandenen Fortschritte dokumentieren.

Abschied einer Gruppe

Gemeinsam mit einer Kollegin führte ich für ein Jahr eine Gruppe mit vier kognitiv fitten Schulanfängerkindern durch.

Im Verlauf des Gruppenprozesses wurde das „Verhaltenstraining im Kindergarten – Ein Programm zur Förderung sozialer und emotionaler Kompetenzen" von Ute Koglin und Franz Petermann (2013) durchgeführt. In diesem Programm geht es um den Delfin Finn. Dieser erzählt den Kindern von seinen Freunden, den Meereskindern Sina und Benni, welche unterschiedliche soziale Situationen erleben und so verschiedene Gefühle kennenlernen. Ein wichtiger Bestandteil am Ende der Gruppenstunde waren auch Bewegungsspiele der Beziehungsorientierten Bewegungspädagogik nach Sherborne. Hier hatten die Kinder die Gelegenheit sich im Füreinander, Gegeneinander und Miteinander (Welsche, 2018) auszuprobieren.

Im zweiten Halbjahr wurden vermehrt Kinderpsychodramastunden durchgeführt. Zum Teil war den Kindern diese Methode aus Einzelstunden vertraut und es flossen verschiedene Inhalte aus den vorherigen Geschichten in die nun neu entstehenden Gruppengeschichten ein.

Im Rahmen der einzelnen Gruppenstunden gab es zu Beginn jeweils Fragekarten, welche von meiner Kollegin und mir entwickelt wurden und zur Gesprächseröffnung und Austausch mit Kindern unterstützen können. Am

Ende der Einheit nutzen wir verschiedene Affirmationskarten. Mit Beginn der Sommerferien und der anstehenden Einschulung der vier Kinder endete die gemeinsame Zeit. Für diese Kinder wurde zum Abschied von mir eine Geschichte geschrieben.

In dieser Geschichte geht es um vier Meereskinder, welche mit ihrer gemeinsamen Gruppe aufhören sollen. Sie wollen dies aber nicht und fragen sich, wie der anstehende Schulbesuch werden wird. Die Meereskinder entschließen sich, der Auflösung ihrer Gruppe zu entgehen, indem sie gemeinsam fort schwimmen. Auf ihrer Flucht begegnen sie verschiedenen Elementen und Inhalten, die die realen Kinder auch im vergangenen Jahr in der Gruppe erfahren konnten.

Unterstützt werden die vier Protagonist*innen, welche ähnliche Namen wie die vier existierenden Kinder haben, von dem Delfin Fun.

Die Kinder stehen vor der Herausforderung, dass sich ein Stier in einer Hecke verfangen hat und nicht weiß, wie er sich befreien kann. Der Stier war der oft gewählte und gefürchtete Feind, welchen die Kinder immer wieder in den Kinderpsychodramastunden einforderten und diesen von einer der beiden Heilpädagoginnen spielen ließen.

Als die Kinder ratlos da saßen und nicht wussten, wie sie dem Stier helfen können, kam ihr Freund der Delfin Fun vorbei und gab ihnen folgenden Rat:

[…] „Aber warum helft ihr ihm dann nicht einfach und befreit ihn“, meinte Fun. „Ja, aber wir wissen nicht wie?“, meinte Toni. „Hmm, ihr habt schon so viel gelernt. Überlegt mal, ob ihr davon irgendetwas nutzen könnt“, meinte Fun.

Die Kinder dachten nach. Ja sie hatten wirklich schon viel gelernt: Sie hatten sich in einer neuen Gruppe eingefunden und sind zusammengewachsen, sie wussten was sie zu jemanden sagen konnten, der Angst hatte, wie man jemanden tröstet oder wie man mit Wut umgeht. Ebenso haben sie miteinander geübt zu sagen, was einem wichtig ist und wie man miteinander Lösungen finden kann, wenn viele unterschiedliche Ideen da sind und nicht jede oder jeder das Gleiche will. Es war ihnen möglich, Kompromisse zu schließen und die Bedürfnisse anderer wahr- und anzunehmen. Auch erlebten sie, wie stark man selbst sein kann, wie man einen auf sich liegenden Erwachsenen hinunter schubst oder durch den ganzen Raum per Rücken an Rücken schieben kann. Ebenso haben sie erfahren, wie man aus einem Gefängnis ausbrechen kann, ohne sich weh zu tun. […]

Durch Zeigen des Gefängnisspiels aus der Beziehungsorientierten Bewegungspädagogik, eines der gemeinsamen Lieblingsspiele der Gruppe, und dem Erklären, wie man sich am besten in Ruhe aus etwas befreien kann, halfen die Protagonist*innen dem Stier.

Am Ende der Geschichte gab es dann noch ein Abschiedsfest, bei welchem es die Lieblingsspeisen der echten Kinder gab. Diese sind vorher mit den Fragekarten erfragt worden.

Nach dem Vorlesen der Geschichte in der gemeinsamen Abschlussstunde fand das Abschiedsfest der Gruppenkinder statt. Individuell gab es im Anschluss noch letzte Einzeltermine der Kinder. Auch in diesen wurde nochmal nach der Geschichte gefragt und der Inhalt von den Kindern erwähnt.

Entwicklung einer Fotogeschichte

Mit verschiedenen Kindern sind im Laufe der heilpädagogischen Einzelförderung eigene Geschichten entstanden. Diese Geschichten wurden dann fotografiert und gemeinsam dazu ein Text aufgeschrieben.

Die Kinder hatten im Rahmen der Frühförderung schon durch Kinderpsychodrama, Bilderbuchbetrachtungen, Märchendialog und eigens für sie geschriebene therapeutische Geschichten Erfahrungen damit, wie eine Geschichte aufgebaut ist und wie eine Handlung entsteht.

Für die Darstellung der Geschichte konnten die Kinder sich zwischen der Benutzung von Schleich-, Holz-, Playmobil- oder Legofiguren entscheiden und diese als

Ideengeber für die auftretenden Protagonist*innen nutzen. Anschließend wurde dann grob die Geschichte skizziert. Dabei war es wichtig zu klären:

- Wer ist die Hauptfigur? Welches ist ihr oder sein Name? Was sind die charakteristischen Eigenschaften?
- Was zeichnet diese Figur aus?
- Wer tritt sonst noch in der Geschichte auf?
- Wo spielt die Geschichte? Welche Orte braucht es?
- Was ist die Handlung?
- Welches Problem oder welche Schwierigkeit tritt auf?
- Wie kann diese Herausforderung gelöst werden?
- Wer hilft dabei?
- Wie wird die Lösung des Problems gewürdigt?
- Was passiert am Ende?

Anschließend wurde überlegt, welche Requisiten man braucht, um die Fotos darzustellen. Je nach Zeit und Möglichkeiten konnten verschiedene Tücher, Naturmaterialien, Schaumstoffblöcke, Lego- oder Playmobilzubehör oder auch selbstgemalte Bilder benutzt werden.

Um die Methode der Fotografie noch mehr zu würdigen, wurde eine digitale Spiegelreflexkamera genutzt. Bei dieser muss man durch den Sucher blicken und kann so den

Bildausschnitt bestimmen. Somit wurde mehr Ruhe und Wertigkeit in den Entstehungsprozess der Fotos reingebracht. Denn es bestand die Notwendigkeit genau zu beachten, was auf den Foto drauf sein sollte.

Nachdem überlegt wurde, welche Szenen für die Darstellung der Handlung der Geschichte notwendig sind, wurden diese mit dem Fotoapparat aufgenommen und entwickelt oder ausgedruckt. Anschließend sollten die Kinder in einem weiteren Schritt die Bilder ausschneiden und in der richtige Reihenfolge aufkleben. Die begleitende Heilpädagogin schrieb die Geschichte danach in den Worten des Kindes auf. Je nach Schreibfertigkeiten konnte dieses dann einzelne Wörter oder Sätze ab – oder aufschreiben. Abschließend wurde ein Titel für die Geschichte gesucht und das Deckblatt gestaltet.

Die fertige Geschichte wurde dem Kind vorgelesen und ausgiebig betrachtet. Je nach Setting zeigte man die Fotostory auch noch anderen Kindern, die parallel zur Frühförderung bei anderen Therapeuten waren. Die Kinder durften ihre fertigen Geschichten mit nach Hause nehmen.

Exemplarisch wird hier nun eine entstandene Geschichte dargestellt.

Selma ist ein siebenjähriges Mädchen. Sie kam ursprünglich wegen allgemeinen Entwicklungsverzögerungen in verschiedenen Bereichen, insbesondere der Sprache und wegen Schüchternheit, mit vier Jahren in die Frühförderung. Im Verlauf stellte sich heraus, dass in ihrem Elternhaus Vernachlässigung und Gewalt vorkamen. Eine insoweit erfahrene Fachkraft wurde mit einbezogen. Im letzten Jahr der heilpädagogischen Frühförderung besuchte Selma parallel die Grundschulförderklasse. Es gab immer wieder Austausch und Beratung zwischen der Heilpädagogin und der Lehrerin der Grundschulförderklasse. Als eine der verschiedenen Abschlussaktionen wurde mit Selma eine Geschichte entwickelt und abfotografiert.

Auszüge aus der Geschichte:

Abb.1:[…] Da trifft das Einhorn Elif plötzlich die Prinzessin Frieda. Die Prinzessin Frieda fragt das Einhorn Elif: „Möchtest du mein Pferd sein?" Elif sagt natürlich ja. […]

Abb.2:[…] Elif und Frieda treffen dort Cem und Selim […] Der König und der Prinz sprechen heimlich miteinander: „Komm wir nehmen die beiden mit in unser Haus und machen sie dort tot." […]

Abb.3:[…]Elif, Frieda und Elina gehen nun aus dem Schloss raus und wollen feiern und eine Party machen. Sie treffen sich im Wald und machen ein Picknick mit Karotten, Erdbeeren, Bananen, Äpfeln und Kirschen.

Selma war es bei der Entwicklung der Geschichte sehr wichtig, dass die vorkommenden Tiere immer viel und gutes Essen hatten. Gemeinsam kämpften sie gegen einen bösen Vater und Bruder und besiegten diese, was mit einem großen Fest gefeiert wurde.

Am liebsten hätte Selma direkt im Anschluss noch weitere Geschichten entwickelt und fotografiert, was leider zeitlich nicht möglich war. Es wurde besprochen, dass Selma die entstandene Geschichte am nächsten Tag mit in die Schule nimmt und so auch ihrer Lehrerin, welche vorher informiert wurde, zeigen kann. So stellte man sicher, dass die Geschichte auch ausreichend gewürdigt wurde, da unsicher war, ob im häuslichen Umfeld von Selma die

Geschichte von den Eltern betrachtet werden würde. In der nächsten Stunde berichtete Selma freudestrahlend, dass ihre Lehrerin ihre Geschichte der gesamten Klasse vorgelesen habe.

Abschied nehmen – Neues wagen – mit Symbolen verknüpfen

Vor einigen Jahren war die damals siebenjährige Julia bei mir in der heilpädagogischen Förderung. Julia lebte gemeinsam mit ihrer Mutter und ihrem älteren Bruder zusammen. Die Mutter von Julia, Frau S., hat sich von dem Vater der Kinder getrennt, als Julia vier Jahre alt war. Eine der Gründe für die Trennung der Eltern war die psychische Erkrankung und den damit verbundenen Suizidabsichten des Vaters. Dies war eine sehr schwierige Zeit für die Mutter und ihre Kinder. Seitdem verweigert Frau S. allen Kontakt zum Vater und es wird vor den Kindern nicht über das Thema gesprochen. Es ist ein Tabu. Da die Familie in der gleichen Kleinstadt wie der Vater wohnt, kam es schon zu zufälligen Begegnungen, bei welchen sie sich gegenseitig ignorierten. Im Elterngespräch meinte Frau S., dass die Kinder von sich aus nie das Thema Vater ansprechen und ihn keiner vermisst. Es ist gut so, wie es ist, dass sie nur zu dritt sind und sie niemanden brauchen. Frühere Kontaktaufnahmen vom Vater, der sich in psychiatrische Behandlung begeben hat, wurden ignoriert.

Julia war ein Jahr bei mir in der Frühförderung, da sie im Kindergarten häufig verschlossen und bedrückt wirkte. Sie brachte wenig eigene Impulse ins Spiel mit anderen Kindern rein. Teilweise kam es aber zu heftigen Wutanfällen, in welchen Gegenstände zu Bruch gingen. In der Frühförderung arbeiteten wir häufig spieltherapeutisch. Für Julia war es meistens sehr schwierig sich vom Wartezimmer, in welchem sich Mutter und Bruder aufhielten, zu lösen und mit ins Therapiezimmer zu kommen. Sie benötigte immer einige Minuten um anzukommen. Im Spiel reagierte sie sehr verhalten und zeigte nur selten Augenblicke, in welchen sie lachte. Dennoch kam sie regelmäßig und verlässlich.

Als das gemeinsame Jahr fast vorbei war, wurde ihr dies angekündigt. Julia zeigte kaum Bedauern. Von dem anstehenden Schulbesuch berichtete sie weder mit ersichtlicher Freude oder Sorgen. In der vorletzten Stunde wurde für Julia die Geschichte von Red Marbel geschrieben und vorgelesen. Red Marbel wächst als Indianertochter in ihrem Stamm auf. Sie weiß, dass sich ihr Stamm vor vielen, vielen Jahren in zwei Teile gesplittet hat, da es nicht genügend Süßwasser gegeben hat. Ihre Verwandten sind dann zu einem anderen, weit entfernten Ort gezogen. An diese Verwandten kann sie sich kaum noch erinnern. Als Red Marbel alt genug ist, wird sie von ihrer Familie dazu gebracht, wie all die anderen Heranwachsenden, alleine eine Reise zu ihren Verwandten anzutreten. Red Marbel hat davor ziemlich Respekt und entwickelt einige Ängste, ob sie dies schaffen kann.

[…] Der Onkel von Red Marbel gab ihr zum Abschied noch ein kleines Ledersäckchen, in welchem ein harter Gegenstand war. Er meinte dazu: „So, Red Marbel, du machst deine erste Reise alleine. Das heißt, dass du auch alt genug bist nun dein Totem ausgehändigt zu bekommen. Wie du weißt, ist das Totem dein persönlicher Schutzgeist, welcher dir immer hilft, wenn du in Schwierigkeiten gerätst. Bei der Geburt wird für jeden einzelnen Indianer immer eines festgelegt, was ihn dann sein ganzes Leben lang begleitet und ihm Kraft und Mut schenken soll. Auf diese Weise ist ein Indianer nie wirklich alleine. Bei dir ist dein Totem ein kleiner roter Stein, wie dein Name Red Marbel schon sagt. Damals, als du geboren wurdest und dein Vater anschließend mit dir auf den Arm aus dem Zelt trat, um dich uns allen zu zeigen, ist er beinahe über einen Stein, der vor dem Zelt lag, gestolpert. Dieser Stein war ziemlich klein, eigentlich so klein, dass man gar nicht darüber stolpern kann. Zudem hatte der Stein auch noch eine rote Farbe und rote Steine sind etwas sehr seltenes. Es war eigentlich ziemlich unwahrscheinlich, dass so ein roter Stein einfach mitten in einem Indianerlager liegt. Seit dem heißt du Red Marbel, weil du auch etwas Besonderes bist, genauso wie der Stein." Und mit diesen Worten überreichte ihr Onkel Red Marbel das Säckchen. […]

Im Verlauf der Geschichte merkt Red Marbel, dass wenn sie sich unsicher fühlt ihr das Berühren des Säckchens Kraft gibt.

> [...] Red Marbel fühlte sich unsicher. Doch da spürte sie plötzlich etwas. Sie spürte das glatte Ledersäckchen um ihren Hals und in dem Ledersäckchen den roten Stein. Red Marbel nahm nun das Ledersäckchen von ihrem Hals, öffnete es und holte den kleinen glatten roten Stein heraus. Er war wirklich sehr rot und dies beruhigte Red Marbel. Sie hatte ihr Totem dabei. Dies würde sie beschützen und ihr Kraft geben, wenn sie nicht mehr weiter wusste. Somit war sie nie wirklich ganz alleine. [...]

Red Marbel schafft ihre Reise autonom und spürt immer wieder erneut ihren Kraftstein. Am Ende gab es ein großes Fest und es wurde gefeiert, dass sie mutig war und sich getraut hatte.

Diese Geschichte soll Julia beim Übergang von Kindergarten zu Schule begleiten. In der letzten Stunde wurden außerdem mit ihr noch ihre Wünsche und Ressourcen aufgeschrieben, welche sie in ein zuvor gebasteltes Schatzkästchen legen konnte. Bei dieser Gelegenheit äußerte Julia das erste Mal das Bedürfnis, dass sie ihren Vater treffen möchte. Dieser Wunsch wurde gemeinsam aufgeschrieben und aufgemalt. Zusätzlich wurde dies mit der Mutter noch im Abschlussgespräch thematisiert. Zum Abschluss der Frühförderung erhielt Julia ein Säckchen mit einem roten Stein – ihr eigenes Kraftsäckchen.

Vorschläge und Suggestionen einbringen

Dies ist aus einer Geschichte, welche ich für ein zu dem damaligen Zeitpunkt 7-jähriges Mädchen geschrieben habe. Johanna lebte gemeinsam mit ihren Eltern und ihrer Schwester. Im Kindergarten fiel Johanna durch viele Ängste, emotionale Instabilität und Vermeidungsverhalten auf. Sie spielte häufig nur für sich selbst und konnte nur schwer Ideen anderer in ihr Spiel integrieren. Eine Diagnose im Bereich des Autismusspektrums wird vermutet. Johanna hatte immer wieder Schwierigkeiten mit ihrem Darm. Sie hielt ihren Stuhl zurück und hatte deswegen starke Verstopfungen. Es erfolgten verschiedene Operationen, um den Stuhl künstlich zu entfernen. Bedingt durch verschiedene Allergien und der vermuteten ASS-Diagnose aß Johanne nur eingeschränkt und brauchte zusätzlich verdauungsanregende Zusätze. Ein Toilettenbesuch war für sie sehr unangenehm und mit Ängsten verbunden. Medizinisch war mittlerweile alles behandelt. Es bestand nun Gefahr, wenn Johanna den Stuhlgang lange zurückhält, es wieder zu erneuten Verstopfungen kommt. Dies würde die Maßnahme von weiteren Operationen erforderlich machen. Häufig verschmähte Johanna aber die Medikamente, welche die Verdauung anregen sollen. Die Mutter hatte schon unterschiedlichste Geschmacksrichtungen probiert, welche aber alle abgelehnt wurden. Selbst auf die Toilette sitzen und zu warten bis der Stuhlgang kommt verweigerte Johanna aus Angst vor neuen Schmerzen. In der Spieltherapie thematisierte Johanna häufig das Thema Toilettengang mit allem was dazugehört. Aber sie vermied direkte Gespräche über den Vorgang und die Notwendigkeit des Toilettenbesuchs. Johanna mochte alles was rosa war und mit den Prinzessinnen Anna und Elsa zu tun hatte. Ihre Haare hatte sie selbst immer zu kunstvollen Zöpfen geflochten.

Vor langer Zeit lebte einmal eine Prinzessin namens Josefine. Sie wohnte zusammen mit ihren Eltern, dem König und der Königin und ihrer kleinen Schwester, der anderen Prinzessin, in einem großen Schloss. Josefine hatte dunkle Haare, welche sie meist zu einem Zopf mit schönen Glitzerhaarspangen zusammengesteckt hatte. Sie war ein kluges Mädchen, welches viele tolle Ideen hatte und ganz schön malen konnte. Doch manchmal war Josefine etwas ängstlich. Sie traute sich zum Beispiel nicht bei Hoffesten mit fremden Kindern zu spielen. Lieber blieb sie in ihrem

Kinderzimmer, wartete und beobachtete aus dem Fenster die anderen.

An einem Sommertag beschäftigte Josefine sich alleine mit ihrer Feenpuppe Elsa im Schlossgarten. Sie befand sich auf der Wiese, an welcher der Wald beginnt, welcher zum Dorf führt. Josefine spielte Arztbesuch mit ihrer Puppe und war ganz versunken in ihrem Spiel, sodass sie es erst nicht hörte - ein Rufen, ein leises, zartes Rufen von jemandem, der Hilfe brauchte. Es war aber nicht von einem Menschen, das war Josefine klar. Aber von wem dann? Josefine schaute sich um, sie konnte niemanden sehen, den sie hätte fragen können. Da fiel ihr ein, dass ihre Mutter ihr vorhin noch gesagt hatte, dass sie zusammen mit ihrer kleinen Schwester und Josefines Vater ins Dorf fahren würde. Josefine wusste nicht, was sie machen sollte. Sie spielte einfach weiter. Irgendwann würde bestimmt jemand kommen oder die Rufe würden aufhören. Doch sie hörten nicht auf, sie wurden immer lauter und verzweifelter. Josefine entschied sich, dass sie ein paar Meter in Richtung des Rufens gehen würde, um vielleicht etwas zu sehen. Als sie an dem Felsen war, an welchem dahinter die Höhle begann, sah sie, was passiert war. Dort war Josi. Josi, das kleine Fohlen, welches letzte Woche geboren war und

> noch ganz klein und schmächtig aussah. Josi war in der Höhle, kam aber nicht mehr heraus, weil ein großer Felsbrocken den Weg versperrte. Josefine war erschrocken. Das arme Fohlen, das wollte bestimmt zu seiner Mutter. Doch was konnte sie denn machen? Sie war ja nur ein kleines Mädchen und konnte doch nichts bewirken. Sie lief zu dem Felsen und sprach mit dem Fohlen, dass es sich beruhigen solle. Doch dies half nicht viel. Das Fohlen schrie immer noch. Josefine war ratlos. Sie setzte sich auf den Boden und überlegte. […]

In der Geschichte wurden die Ängste, die Johanna bisher von vielem abgehalten hatten, als Tatsache angenommen. Die Protagonistin Josefine ist keine Person, die sich abenteuerlustig auf Herausforderungen stürzt. Lieber hätte sie auch vermieden, wenn es die Möglichkeit gegeben hätte. In der Feenfigur Elsa wurde ein für Johanna wichtiger Bezug zu ihrer Lieblingsfigur der Eisprinzessin Elsa geschaffen, welche ihr nun auch weiterhilft.

> […] Auf einmal hörte sie etwas – eine kleine zarte Stimme. Sie schaute sich um. Nein, hier war niemand außer ihr und Josi. Jetzt war es wieder – jemand sprach zu ihr und dann merkte sie es. Es war Elsa - ihre Puppe. Elsa sagte zu ihr: „Bleibe ruhig. Du schaffst das. Du bist groß genug. Und soviel Kraft brauchst du gar nicht. Es reicht, wenn

du ganz vorsichtig drückst. Ganz vorsichtig, dann eine kurze Pause, kurz entspannen und dann wieder. Ganz ohne Druck, bleib einfach ruhig und du wirst merken, dass sich etwas bewegt."

Josefine war verwirrt. Sie wusste nicht, dass Elsa sprechen konnte. Jetzt sah Elsa auch wieder ganz normal aus und ihr Mund bewegte sich nicht. Aber sie tat nun, wie Elsa geheißen hatte. Sie stellte sich an die Höhle und drückte etwas gegen den Felsbrocken. Sie ließ sich Zeit und machte immer wieder Pausen, aber sie merkte, wie sich etwas bewegte. Immer wieder etwas drücken, Pause und dann wieder drücken und dabei ganz ruhig bleiben. Und es half, der Felsbrocken bewegte sich. Als Josefine ein paar Zentimeter geschafft hatte, rollte er ganz weg und der Eingang der Höhle war frei. […]

In der Geschichte entwickelt sich nun eine Situation in welcher Josefine einen großen Felsbrocken wegschieben muss, um das Fohlen zu retten. Dies ist für sie sehr schwer, umso hilfreicher die Tipps ihrer Helferfigur. In der Geschichte wurde versucht die Instruktionen, welche auch bei einem Toilettengang mit Stuhlgang helfen können, hineinzubringen. Es braucht Ruhe und nur wenig Druck – Pausen sind okay. Es ist möglich dies zu schaffen.

Die Geschichte wurde Johanna in der heilpädagogischen Frühförderung vorgelesen und den Eltern mitgegeben mit der Instruktion diese auch wieder vorzulesen, wenn Johanna verdauungsfördernde Medikamente eingenommen hat und es abzusehen ist, dass bald der Stuhlgang kommen könnte.

Reframing der Schwierigkeiten für Kind und Eltern

Vor einigen Jahren war der damals sechsjährige Liam bei mir in der Förderung. Liam hatte in seinem Kindergarten immer wieder Schwierigkeiten und Konflikte auf Grund seiner ADHS-Diagnose und seiner damit verbundenen schnellen Ablenkbarkeit, Reizoffenheit und zum Teil fehlenden Strukturierung entwickelt. Mit diesem Jungen baute ich unter anderem über mehrere Förderstunden eine Holzeisenbahn nach seinen eigenen Bauplänen.

Zum Abschied schrieb ich ihm eine Geschichte über „Thomas und die kleine Eisenbahn".

Thomas ist ein Bahnwärter im Ruhestand, welcher sich aus alter Gewohnheit und aus Mangel an Alternativen immer noch um die Gleise am Bahnhof kümmert. An einem Tag hört er ein Schluchzen an einem der hinteren Abstellgleise. Dort trifft er dann auf eine kleine Dampflokmotive, welche sehr traurig ist. Thomas zeigt sich interessiert und fragt nach, was der Anlass dafür sei.

> […] „Ich bin so traurig, da mich die anderen kleinen Eisenbahnen nie mitspielen lassen und sich immer über mich lustig machen, da ich nicht so gut fahren kann wie sie, sondern immer wieder mal aus Versehen ein falsches Gleis erwische und so in eine völlig andere Richtung fahre als ich eigentlich sollte. Außerdem bin ich nicht so schnell wie die anderen, da ich ja nur mit Kohle fahre und nicht einen Elektroantrieb habe wie die anderen!“, fing die kleine Eisenbahn in einem Schwall an zu erzählen, sodass Thomas Schwierigkeiten hatte gleich alles mitzubekommen. Denn es war so viel was die kleine Eisenbahn zu erzählen hatte. „Ach“, meinte Thomas nur. „Ach, das kann ich verstehen, dass dir das Kummer bereitet.“ „Ja, ich will doch einfach nur so fahren wie die anderen Eisenbahnen, aber dann sehe ich manchmal etwas Interessantes am Wegesrand stehen und schon bin ich so abgelenkt, dass ich die falsche Weiche erwische und somit nicht mehr in die Richtung fahre, in die ich eigentlich sollte. Und auch kann ich ja nichts dafür, dass ich nicht so schnell fahren kann wie die anderen.“ […]

Thomas erkennt den Schmerz der kleinen Dampflokomotive an. Das Problem wird gesehen und nicht negiert.

> […] „Hm, ja, das ist wirklich ein großes Problem. So etwas ist nicht schön, vor allem wenn dich die anderen Eisenbahnen deswegen auslachen. Aber sei nicht traurig, du kannst lernen schneller zu fahren und auch öfters den richtigen Weg zu erwischen." […]

> […] und setzte sich in das Führerhäuschen der kleinen Lok. Dort angekommen war er beeindruckt von den verschiedenartigsten Instrumenten, die dort zu finden waren. Er war zwar sehr lange Lokomotivführer gewesen, aber so viel verschiedene Knöpfe, Schalter und Maschinenteile hatte er selten gesehen. „Das muss ja wirklich ganz schön schwierig sein, darüber den Überblick zu behalten und immer zu wissen, was man tun muss, wenn einer der Knöpfe gedrückt wird", meinte Thomas, „aber okay, nun zurück zu der Sache, weswegen ich eigentlich hier bin. Um schnell zu fahren ist es sinnvoll, seine Kräfte richtig einzuteilen und nicht auf einmal zu viel Kohle zu nehmen." […]

Thomas versucht nun zu helfen, was nicht gleich gelingt, und es gibt nicht eine sofortige Lösung. Es ist wichtig zu zeigen, dass es auch Rückschläge geben kann.

> […] Thomas schob jetzt eine Schaufel voller Kohle in den Ofen der kleinen Lok und meinte, „so jetzt fahr mal los. Ich zeig dir dann wie du ungefähr dosieren musst, um möglichst schnell fahren zu können.“ Doch als die kleine Lokomotive los fahren wollte, ging das erst mal nicht, da sie so viel Kohle in den Ofen geschoben bekommen hatte, dass sie husten musste und so das Feuer ausging. „Oh, das tut mir leid. Das ist mein Fehler gewesen, ich habe zu viel Kohle genommen. Aber lass es uns gleich noch mal versuchen.“ Und diesmal klappte es, die kleine Eisenbahn setzte sich zusammen mit Thomas im Führerhäuschen in Bewegung und brauste schnell mit einem lauten Schnauben aus dem Bahnhof. […]

Thomas wird nun zum Helfer, nimmt Kontakt mit der Lokomotive auf und zeigt ihr langsam Stück für Stück, wie man auf den Schienen gezielter fahren kann, wie man im richtigen Moment Kohle rein schaufeln kann oder wann man abbremsen sollte. Die beiden erleben eine tolle Fahrt, auf welcher die kleine Eisenbahn durch ihre Besonderheit auch Dinge wahrnimmt, die andere übersehen oder eine Situation erkennt, in welcher Hilfe benötigt wird: Ein Bauer hat sich mit seinem Traktor in einen Graben festgefahren und kommt alleine nicht mehr heraus. Alle anderen Eisenbahnen sind ohne nach rechts und links zu schauen einfach geradeaus gefahren und haben den Hilfesuchenden nicht bemerkt.

> […] Die kleine Lok fuhr schnell, so schnell, wie sie glaubte, wie nie zuvor. Sie sah, wie Thomas die Kohlen hinein schaufelte und dass er regelmäßig immer wieder nur kleinere Mengen in den Ofen tat. Früher hatte sie immer viel auf einmal hinein geschaufelt. „Ach, das war das Problem gewesen. Ich wollte so schnell sein und habe deshalb immer sehr viel Kohle genommen, aber das war zu viel des Guten gewesen. Es ist besser, nicht ganz so viel zu nehmen, dies aber gezielter einzusetzen", dachte die kleine Eisenbahn so für sich, während sie mit Thomas die Gegend entlang fuhr. Dabei blickte sie, wie es so ihre Gewohnheit war, in der Gegend umher. Plötzlich sah sie etwas. Ein Pferdefuhrwerk war in einen Graben gefahren und der Bauer mit dem Pferd stand daneben und wirkte ziemlich verloren. „Oh, Thomas, hör kurz mal auf Kohle nachzuschieben. Ich glaube, ich habe da jemanden gesehen, der Hilfe braucht." Und schon hielt die kleine Eisenbahn an, der Bauer war ziemlich erstaunt und meinte gleich: „Bin ich froh, dass Sie angehalten haben. Ich brauche dringend Hilfe und die anderen Eisenbahnen sind immer schnurgerade die Schienen entlang gefahren und keiner hat mal zur Seite geschaut und mich dabei

> entdeckt. Mein Pferd ist aus Versehen in den Graben hinein gefahren und jetzt kriegen wir zu zweit nicht mehr den Karren heraus, der im Matsch feststeckt. Können Sie mir vielleicht helfen?“ […]

Die bisherige Schwierigkeit der kleinen Lokomotive, soviel um sich herum wahrzunehmen und dadurch langsamer zu sein, entwickelt sich in der Geschichte zum Vorteil. Sie hat etwas bemerkt, was alle anderen neurotypischen Eisenbahnen nicht gesehen haben. So entsteht ein Reframing des AD(H)S, welches bisher nur als das behandlungswürdige Problem wahrgenommen wurde.

Die Dampflokomotive hingegen konnte den Traktor durch ihre Kraft wieder herausziehen. Die Geschichte endete damit, dass Thomas und die kleine Lokomotive immer wieder auf neue Fahrten gingen, gemeinsam schnell durch die Landschaft düsten, aber manchmal auch langsam fuhren und sich auf Dinge aufmerksam machten, die am Wegesrand standen, welche man sonst nicht so einfach wahrnahm.

Diese Geschichte durfte Liam, nach dem Vorlesen in der letzten Förderstunde, mitnehmen und forderte auch zuhause ein sie nochmal vorgelesen zu bekommen. Im Abschlussgespräch eine Woche später, meinte der Vater, er selbst habe Tränen in den Augen gehabt, als er die Geschichte vorgelesen habe. Es wurde ihm eine andere Sichtweise aufgezeigt. Er sah jetzt die Besonderheit und für ihn Einzigartigkeit seines Junges und konnte sie wertschätzen. Durch das erfolgte Reframing der AD(H)S-Problematik seines Sohnes konnte er nun positive Aspekte wahrnehmen und seinen Sohn in anderen Situationen weniger zurechtweisen und mehr unterstützen.

Arbeit mit einer Schulklasse

Wie ansprechbar sind Kinder eigentlich für die Inhalte von therapeutischen Geschichten und deren Botschaften? Welche Hilfswirkung kann man erkennen und wo sehen Kinder selbst eine Möglichkeit, dass ihnen eine Geschichte helfen kann? Ist es auch möglich, dass sie selbst schon Geschichten schreiben, die die wichtigsten Elemente des Aufbaus einer therapeutischen Geschichte enthalten? Um dies herauszufinden befragte ich eine Grundschulklasse im zweiten Schuljahr (Schneider, 2010) nach der Wertigkeit von verschiedenen Kinderproblemen und welche weiteren Probleme sie sich vorstellen können, die andere Kinder haben könnten. Auch wurde erfragt, bei was ihrer Meinung nach das Hören oder Lesen von Geschichten helfen kann.

Anschließend wurde den Schüler*innen eine therapeutische Geschichte vorgelesen und gemeinsam zusammengetragen, wer Hauptfigur in einer Geschichte sein kann? Was für Probleme oder Schwierigkeiten auftreten können? Wie diese gelöst werden können? Und wer dabei helfen kann?

Die Schüler*innen bekamen dann die Aufgabe, selbst eine Geschichte zu schreiben. Nach der Auswertung der

Fragebogen über die Wertigkeit von Kinderproblemen und den geschriebenen Geschichten entstand eine von mir geschriebene Geschichte für die Grundschulklasse, welche die häufigsten Antworten und Elemente enthielt.

Diese wurde vorgelesen und abschließend nochmal Interviews mit einem Teil der Schüler geführt.

Als Ergebnis kam heraus, dass die befragten Kinder als das größte Problem, welches sie betreffen könnte, Verlusterfahrungen durch den Tod eines Elternteils beziehungsweise eines Haustieres ansehen. Ebenso wird der Wegzug eines oder einer Freund*in als große Sorge vieler Kinder wahrgenommen.

Alle befragten 21 Kinder gaben an, dass sie glauben, dass Geschichten helfen können zu zeigen, dass es manchmal nicht so schlimm ist, vor etwas Angst zu haben. Ebenso meinten 95% der Schüler, dass man durch Geschichten erfahren kann, dass es nicht tragisch ist manchmal etwas nicht so gut zu können. Fast jeweils dreiviertel der Befragten gab an, dass Geschichten zum einen helfen können ein Problem besser zu verstehen und zum anderen auch Ratschläge geben können. 62% der Kinder meinten, dass Geschichten dabei helfen können zu erkennen, dass es auch andere Kinder mit ähnlichen Problemen gibt. Nur 19% der befragten Kinder glaubten, dass Geschichten bei keinen Problemen helfen können.

In der Befragung zeigte sich, dass die Kinder sensibel dafür waren den Aufbau von therapeutischen Geschichten zu erkennen. Ebenso konnten sie selbst therapeutische Geschichten konstruieren.

In den Interviews wurde erkennbar, dass die Schüler die in einer Geschichte gehörten Probleme und Ratschläge auf eigene Situationen übertragen können. Dies verdeutlicht eine Offenheit und Aufgeschlossenheit dem Medium „Geschichten“ gegenüber, welche durch die festgestellte Sensibilität bestätigt wird.

Literatur

Koglin, U.; Petermann, F. (2013). *Verhaltenstraining im Kindergarten. Ein Programm zur Förderung sozialer und emotionaler Kompetenzen*. Göttingen: Hogrefe.

Schneider, N. (2010). *Die Bedeutung von Geschichten in der heilpädagogischen Arbeit mit Kindern und die Sensibilität von Grundschülern für die Inhalte von therapeutischen Geschichten*; unveröffentl. Bachelorthesis, KH Freiburg

Welsche, M. (2018). *Beziehungsorientierte Bewegungspädagogik*. München: Ernst Rheinhardt Verlag.

7. Der Märchendialog in der heilpädagogischen Diagnostik

Cornelia Roth

Die Autorin arbeitet als Diplom Heilpädagogin und Kunsttherapeutin seit vielen Jahren in einer Kinder- und jugendpsychiatrischen Ambulanz mit dem Schwerpunkt auf Diagnostik und kunsttherapeutischem Angebot.

Der vorgestellte Fall ist im diagnostischen Setting entstanden. Das diagnostische Setting umfasst ein Anamnesegespräch mit den Eltern, ca. 3 Einheiten à 50 min. mit dem Kind, die Auswertung der Ergebnisse und Besprechung im Team, sowie ein abschließendes Auswertungsgespräch mit den Eltern. Die Namen im Text sind verändert.

Wenn Kinder in schwierige Zeiten geraten, ihre Entwicklung gestört wird, finden die dazugehörigen Gefühle häufig Ausdruck in verändertem, teils problematischem oder unerwünschtem Verhalten. Es wird Hilfe aufgesucht mit der Erwartung, das Kind möge sich nun mitteilen und entlasten. Genau dann, wenn die Erwachsenen denken, es wäre für das Kind, den Jugendlichen hilfreich sich zu äußern, fällt genau dies den Kindern oft schwer. Besonders bei Schwierigkeiten oder Veränderung im familiären Kontext ist es für Kinder oft schwierig, die Komplexität ihrer Situation in die Sprache zu bringen. Der emotionale Ausdruck des Kindes ist naturgemäß symbolischer Art und zeigt sich in Verhalten,

Spiel und Gestaltung, was in der heilpädagogischen, personenzentrierten Spieltherapie und Kunsttherapie gleichermaßen zentrale Methode und Erfahrungsraum darstellt (vgl. Simon & Weiss 2008; Menzen 2001; Oaklander 2001). Im diagnostischen Setting bieten die projektiven Verfahren diesen Emotionen symbolischen Ausdrucks- und Gestaltungsraum.

Der Märchendialog (Simon-Wundt, 1997) zählt als halbstrukturiertes, narratives Verfahren zu den psychodiagnostischen, projektiven Testverfahren und eignet sich für Kinder ab dem Grundschulalter, je nach Entwicklungsstand auch für Kinder ab 5 Jahren.

Märchen sind mit ihrer klaren Struktur, den in allen Kulturen auftauchenden gleichen Motiven „archetypische Erzählformen“, in denen menschliche Grundprobleme und ihre Abläufe bildhaft-symbolisch dargestellt werden und sind dadurch „besonders offen für Projektionen und Thematisierungen von konflikthaften affektiv besetzten Stoffen“ (vgl. Simon-Wundt 1997, S. 22).

Im Märchendialog (MD) wird dem Kind ein Erzählraum angeboten, den es mit seinen eigenen Themen, Imaginationen, Motiven gestalten kann. Im Erzählen zeigen sich Bilder seiner Beziehungen, Konflikte, Lösungsversuche, Bewältigungsstrategien, ohne dass das Kind explizit dazu befragt wird oder sich bewusst sprachlich dazu äußert.

Das Wesen des Märchens ist entwicklungsfördernd und weist auf ein gutes Ende hin; es müssen eine oder mehrere

Aufgaben bewältigt werden, Helfer*innen tauchen auf und am Ende sind die Protagonisten*innen einen Schritt weiter und leben glücklich bis an ihr Ende. Es wird im MD davon ausgegangen, dass das Kind sich mit der Hauptfigur Prinzessin oder Prinz identifiziert und so wird entsprechend dem Geschlecht des Kindes in die Märchengeschichte eingeführt.

Der MD findet bestenfalls in einem geschützten und vertrauensvollen Rahmen statt ohne Anwesenheit anderer Bezugspersonen und wird wie folgt eingeleitet:

> Eingangsinstruktion: „Ich möchte jetzt mit dir zusammen ein Märchen erzählen, erfinden oder dichten (je nach Alter des Kindes) und zwar so, dass ich einen Satz sage, dann du einen Satz, dann wieder ich, dann wieder du und so fort.
>
> Der Grund, warum es gerade ein Märchen sein soll, ist der, weil darin alles vorkommen kann, Feen, Hexen, Zauberer, weil alles möglich ist. Es gibt dabei auch keine richtigen und falschen Sätze.
>
> Ich beginne mit dem ersten Satz: Es war einmal ein Prinz/Prinzessin (je nach Geschlecht des Kindes). Jetzt bist du dran..." (Simon-Wundt 1997, S.29)

Als Grundregel im weiteren Erzählprozess ist allgemein zu beachten, dass die Untersucherin die Handlung empathisch anregt und gegebenenfalls verstärkend vorwärts treibt bzw. entschleunigt. Die Benennung wichtiger Inhalte (z.B. Schauplatz, Personen, Konflikte, Lösungen) bleibt dem Kind vorbehalten. Ähnlich der verbalen Begleitung im therapeutischen Spiel (z.B. verstärken, spiegeln, bestätigen, zusammenfassen, verdeutlichen, anerkennen und ermutigen) wird das Kind in seinem Tun aufmerksam begleitet (vgl. Simon & Weiss 2016; Schmidtchen 1996).

Jede „Verletzung“ dieser Grundregel kann als Gegenübertragung/Resonanz gewertet werden. Ein gutes erstes Kriterium für eine "gelungene" Begleitung ist deren Überflüssigkeit, d.h. wenn die Märchengeschichte auch ohne die Beiträge der Untersucherin einen zusammenhängenden Sinn ergibt (Simon-Wundt, …). Jeder MD wird während der Entstehung mit einem geeigneten Gerät aufgenommen.

In der weiteren Bearbeitung nach Simon wird der MD dann von der Testleiterin anhand verschiedener Kriterien - entwicklungspsychologische, formale, inhaltlich-symbolische und beziehungsanalytische Aspekte - auf sprachlicher Eben ausgewertet und gibt Hinweise auf anstehende Entwicklungsschritte und zu bearbeitende Themen beim Kind, wie auch in seinem umgebenden System.

Im heilpädagogischen Setting lässt sich der MD im Kontakt mit dem Kind und für weitere Schritte nutzen.

Zunächst wird der MD nach Beendigung gemeinsam angehört. Im diagnostischen und therapeutischen Setting bieten sich damit Möglichkeiten der Reflektion, der Übertragung oder symbolischer Wirkkraft und kann auch als Ausgangspunkt für weiteres Gestalten dienen.

Das Kind hört seine Geschichte aus der Distanz und

- kann auf symbolischer Ebene in seine Themen eintauchen, sie durchleben und mit Blick auf das positive Ende Zuversicht schöpfen,
- kann durch das symbolische Mitteilen Entlastung erfahren,
- kann seine Geschichte beim nochmaligen Hören als eine Ressource wahrnehmen: „Das habe ich erfunden!",
- kann das gemeinsame Erfinden als ein sozial-emotionales Erlebnis wahrnehmen: „Das haben wir zusammen gemacht!".

Mit einem Gespräch über die Schwierigkeiten der Prinzessin/des Prinzen, wie sie/er ihre/seine Herausforderungen angegangen und gelöst hat, und mit einer Übertragung in den Alltag des Kindes kann der MD abgeschlossen werden.

Es kommt vor, dass Kinder ihre Geschichte nicht mehr hören wollen, was einen Hinweis geben kann auf Persönlichkeit, Selbstkonzept und –erwartung, wie auch auf

Nähe zum beschriebenen Konflikt und zum Schutzbedürfnis.

In beiden Fällen kann auf der bildhaften Ebene mit dem Kind weiter gearbeitet werden.

Die Erweiterung des MD um das bildnerische Potential hat sich zunächst aufgrund meines eigenen Interesses an Bildern entwickelt; als Kunsttherapeutin bin ich von der Sprachmächtigkeit der Bilder gegenüber dem gesprochenen Wort, gerade bei Kindern, überzeugt.

> Ich habe die Erfahrung gemacht, dass manche Kinder, vor allem sehr kleine, nicht unbedingt ihre Einsichten und Entdeckungen verbalisieren müssen. Oft reicht es völlig aus, wenn man jene verborgenen Schichten oder blockierten Gefühle zutage fördert, die ihren emotionalen Wachstumsprozess behindert haben. (Oaklander 2001, S.244)

Das Bild aus dem MD eignet sich auch für Kinder, die sprachlich nicht so gewandt sind, wie ihr Alter es erwarten lassen würde. Gesprochene Sprache, Wortwahl, Ausdrucksfähigkeit, Sicherheit in Grammatik und Syntax erfordern andere Gehirnregionen wie die Bildsprache.

Im diagnostischen Alltag gibt es auch pragmatische Bedingungen, die die Entwicklung zur Erweiterung des MD um das bildnerische Material stützen, wie z.B. der Zeitaufwand beim Transkribieren und Auswerten der Dialoge und auch die nicht immer und durchgängig gewährleistete Neutralität beim Gestalten des MDs von Seiten der Untersucherin.

Bevor der eben entwickelte MD gemeinsam gehört (oder eben nicht gehört) wird, wird das Kind daher mit folgender Anleitung aufgefordert, ein Bild dazu zu malen:

> „Wenn deine Geschichte nun in einem Märchenbuch oder Hörbuch auftauchen würde. Welche Stelle in deiner Geschichte, welches Bild würdest du gerne als Bild vorne drauf haben? Zeichne dieses Bild, das dir am wichtigsten in deiner Geschichte ist."

Das Bild, das das Kind aufgreift und malt, entsteht aus der eigenen inneren Befindlichkeit oder als Resonanz auf das Gesagte und nun Gehörte. Besonders wenn Kinder ein bekanntes Märchen aufgreifen und es wieder erzählen – die Motivation hierfür kann diagnostisch auch interessant sein – zeigt das Bild immer auch eigene Anteile des Kindes.

Manche Kinder möchten nicht malen. Dann bleibt es beim ersten Teil.

Viele Kinder kennen dieses Setting von zuhause: Ich höre eine CD und male dazu. Oft findet dies im Zimmer statt, das Kind ist alleine beschäftigt und vertieft in sein Tun, begleitet von einer vertrauten oder neuen Geschichte. In der diagnostischen Situation, besonders auch im therapeutischen Setting ist das Kind beim Malen in „geselligem bei sich sein“, im besten Falle fühlt es sich innerhalb eines sicheren Rahmens, unterstützt von zugewandter Aufmerksamkeit der Untersucherin.

Kinder nutzen den vorsprachlichen, symbolischen Ausdruck, um sich zu entlasten, um zu verarbeiten und auch, um „Unbesprechbares“, nicht Sagbares mitzuteilen. Im MD bringt das Kindes auf unbewusster oder vorbewusster Ebene sein Thema symbolisch nach außen, ohne dass es benannt werden muss, macht seine Innenwelt sichtbar und für andere verstehbar und erfährt dadurch Entlastung innerer Spannung. Es zeigt, worum es geht, ohne dass es auf Fragen antworten muss und kann doch einen Appell damit verknüpfen. Nach Schottenloher erfährt das Kind durch das Gestalten inneres Wachstum, Selbst-Verständnis und die Fähigkeit zur Selbst-Heilung (Schottenloher 2000, S. 11).

Es kommt vor, dass das Kind aus eigenem Impuls das Bild der Untersucherin übergibt und damit das belastende Thema dort lässt.

Die Auswertung des Bildes aus dem MD (MD-Bild) geschieht nach den gleichen Prinzipien wie die Auswertung der Transkription auf entwicklungspsychologischer, formaler, inhaltlich-symbolischer und beziehungsanalytischer Ebene. (siehe a.a.O.: Bilder aus dem Märchendialog; ….)

Das anschließende Fallbeispiel illustriert das Vorgehen, das in diesem Falle auch ohne Bilder auskommt.

Märchendialog von Emma, Alter zum Zeitpunkt der Testung: 6,1 Jahre

Emma wird wegen massiver und zunehmender Trennungsängste und zur Abklärung ihrer Begabung vorgestellt. Als mittleres von drei Kindern besucht sie den Kindergarten, der sich in unmittelbarer Nähe zum elterlichen Haus befindet. Vor dem Corona-Lockdown habe es keinerlei Auffälligkeiten gegeben; im Kindergarten sei sie als ruhiges, zurückhaltendes Kind erlebt worden, mit Kontakt v.a. zur älteren Schwester und deren Freundinnen. Zuhause zeige sie seit der Geburt des Bruders während des Corona-Lockdowns zunehmende Empfindsamkeit und Schüchternheit. Sie schlafe schlecht ein. Aktuell sei der Kindergarten-Besuch nicht möglich. Die ältere Schwester sei mittlerweile eingeschult, die Trennung von der Mutter gelinge nicht.

Mit dem durchgängig ernst und verhalten erscheinenden Mädchen wurde eine umfassende Diagnostik mit Leistungstest durchgeführt; diesen erledigt sie, bei sonst ausgeprägter Schüchternheit und Anspannung im Kontakt, engagiert, konzentriert und mit deutlichem Interesse. Sie erzielt Werte im Bereich der Hochbegabung und es zeigen sich Hinweise auf ein fotografisches Gedächtnis. In den projektiven Verfahren zeigt sie hohe Anspannung und besonders bei den zeichnerischen Verfahren eine stark kontrollierende und bewertende Haltung. Bei der Menschzeichnung entsteht eine Figur mit noch nicht integriertem Körperschema, was nicht ihren kognitiven Fähigkeiten entspricht. Im Vergleich zu ihrer intellektuellen Stärke erscheint Emma emotional noch unreif und instabil; ihr ganzes Verhalten weist auf Ängste, besonders Angst vor Versagen, hin. In der dritten Sitzung wurde der Märchendialog durchgeführt:

Die Aussagen des Kindes sind **fett** gedruckt.

Es war einmal eine Prinzessin

Die lebte in einem Schloss

Das Schloß war groß und hatte viele Zimmer

Sie war ganz alleine

Und sie ging im Flur hin und her

Sie spielte immer mit ihren vielen Spielzeugen

In ihrem Zimmer gab es ein großes Regal und einen Schrank mit allen möglichen Spielsachen, die man sich nur denken konnte

Und die Prinzessin die hatte sich so gefreut, dass sie alleine war

Da war niemand, der sie störte beim Spielen und keiner konnte ihr irgendwas verrutschen und so war sie ganz vergnügt mit ihren Spielereien

Hm – aber manchmal war sie trotzdem nicht glücklich

Und dann saß sie da und schaute vor sich hin und überlegte, was denn jetzt los ist

Sie hatte einfach keine Lust mehr zu spielen

Weil irgendwann hatte sie dann auch keine Idee mehr

Und dann ist sie zu ihren Freunden gegangen und dann hat sie wieder gespielt

Und so war die Prinzessin dann immer wieder mal glücklich, wenn sie bei ihren Freunden war

Hmh (nachdenklich)

Und wenn sie nicht gestorben sind, dann leben sie noch heute

Hmh.

Wie bei vielen Kindern im Lockdown hatten sich bei Emma Verhaltensweisen in Richtung Rückzug und Angst-Entwicklung verstärkt. Umso überraschender war ihre Aussage über die Freude der Prinzessin über das Alleine-Sein. Freude und Unbeschwertheit kamen weder in ihrem Verhalten noch in der Beschreibung ihrer Bezugspersonen aus Familie und Kindergarten zur Sprache, bzw. zum Ausdruck. Sie selber hätte dies als Beschreibung von sich nicht benennen können und die Aussage der Testleiterin – „Und so war die Prinzessin dann immer wieder mal glücklich, wenn sie bei ihren Freunden war" – fand aufgrund ihres nachdenklichen Kommentars eindeutig nicht ihre Zustimmung und zeigt eine typische Verletzung der Grundregel der Enthaltsamkeit der Untersucherin. Gleichwohl wird dabei deutlich, dass Emma eine andere Vorstellung von Glücklichsein hat als die Untersucherin.

Unter Berücksichtigung aller sichtbaren Faktoren, wie Lockdown, enge Bezogenheit auf die ältere Schwester in der nicht-familiären Umgebung, die Geburt des Bruders als „Irritation“ im familiären System, Hochbegabung und fotografisches Gedächtnis sind bei Emma auch Hinweise auf ein Autismus-Spektrum deutlich geworden. Im Auswertungsgespräch mit den Eltern wurden die diagnostischen Ergebnisse besprochen, u.a. mit der Empfehlung einer therapeutischen Begleitung und diesbezüglich weiterführenden Diagnostik.

Die Durchführung des MD hat in den diagnostischen Sitzungen mit Emma eine Erkenntnis erbracht, die mit anderen Verfahren nicht sichtbar geworden ist. Die neurotypische Idee von Glück und Zufriedenheit im sozialen Miteinander hat bei Emma nicht die erwartete Resonanz hervorgebracht. Mit diesem Wissen kann Emma ein anderes Verständnis entgegengebracht werden, als es ohne den MD möglich gewesen wäre.

Literatur

Baumgardt, U. (1985). *Kinderzeichnungen - Spiegel der Seele.* Zürich: Kreuz Verlag.

Gindl, B. (2002). *Anklang. Die Resonanz der Seele. Über ein Grundprinzip therapeutischer Beziehung.* Paderborn: Junfermann.

Grimm, Brüder (2002). *Kinder- und Hausmärchen.* Zürich: Manesse.

Hampe R. & Wigger M. (2020). *Heilpädagogische Kunsttherapie. Grundlagen, Methoden, Anwendungsfelder*. Stuttgart: Kohlhammer.

Jacobi, J. (1989). *Vom Bilderreich der Seele.* Olten: Walter Verlag.

Kast, V. (1996). *Märchen als Therapie.* Olten: Walter Verlag.

Kramer, E. (1997). *Kunst als Therapie mit Kindern.* München: Reinhardt.

Meili-Schneebeli, E. (2000). *Kinderbilder - innere und äussere Wirklichkeit.* Basel: Schwabe & Co.

Mills, J. (2011). *Therapeutische Metaphern für Kinder und das Kind in uns.* Heidelberg: Carl-Auer.

Mrochen, S., Holtz, K., Trenkle, B. (Hrsg.) (2000). *Die Pupille des Bettnässers.* Heidelberg: Carl-Auer.

Oaklander, V. (2001). *Gestalttherapie mit Kindern und Jugendlichen.* Stuttgart: Klett-Cotta.

Oerter, R. & Montada, L. (Hrsg.) (1998). *Entwicklungspsychologie.* Weinheim: Beltz.

Reddemann, L. & Krüger, A. (2007). *Psychodynamisch Imaginative Traumatherapie für Kinder und Jugendliche. PITT-KID – Das Manual.* Stuttgart: Klett-Cotta.

Riedel, I. (1999). *Farben. In Religion, Gesellschaft, Kunst und Psychotherapie.* Zürich: Kreuz Verlag.

Schmeer, G. (2001). *Das Ich im Bild. Ein psychodynamischer Ansatz in der Kunsttherapie.* Stuttgart: Klett-Cotta.

Schmidtchen, St. (1996). *Klientenzentrierte Spiel- und Familientherapie.* Weinheim: Beltz.

Schottenloher, G. (2000). *Kunst- und Gestaltungstherapie.* München: Kösel.

Schuster, M. (2000). *Die Psychologie der Kinderzeichnung.* Berlin: Springer.1989[1], Göttingen: Hogrefe

Simon T. & Weiss, G. (Hrsg.) (2008). *Heilpädagogische Spieltherapie.* Stuttgart: KlettCotta.

Simon-Wundt, T. (1997). *Märchendialoge mit Kindern – ein psychodiagnostisches ´ Verfahren*. München: Pfeiffer.

Steinhausen, H.-Ch. (Hrsg.) (2001). *Entwicklungsstörungen im Kindes- und Jugendalter*. Stuttgart: Kohlhammer.

Wienand, F. (2019). *Projektive Diagnostik bei Kinder, Jugendlichen und Familien. Grundlagen und Praxis*. Stuttgart: Kohlhammer.

8. Geeignete Themen zum Einsatz von Geschichten

Geschichten können bei sehr vielen unterschiedlichen Themen, Schwierigkeiten und Problemen eingesetzt werden. In einer Befragung (Schneider, 2010) gaben Heilpädagog*innen, welche im Bereich der frühen Hilfen arbeiten, an, therapeutische Geschichten am meisten bei Kindern, die Abschiede und Verlust wie Tod oder Umzug erlebt haben und bei ängstlichen Kindern, zu verwenden. Sehr häufig werden Geschichten auch bei Kindern aus Trennungs- und Scheidungsfamilien oder anderen familiären Belastungen verwendet. Im Folgenden werden verschiedenen Themen und die damit verbundenen Belastungen für die Kinder zusammengefasst.

Kinder aus Trennungs- und Scheidungsfamilien

Kinder, deren Eltern nicht mehr zusammen wohnen oder im Modus des Auseinandergehens sich befinden, erleben eine große Umbruchsituation. Bisher Bekanntes ist nicht mehr vorhanden oder droht sich aufzulösen. Menschen, die mit dem Kind zusammen gelebt haben, werden durch eine Trennung und je nach Wohnmodell nicht mehr dauerhaft präsent, sondern eingeschränkter für das Kind greifbar sein. Zusätzlich kann noch hinzu kommen, dass die Personen, die dem Kind am Wichtigsten sind, sich nicht mehr verstehen und sich gar laut und hässlich streiten oder schlecht über den anderen, vom Kind geliebten Elternteil sprechen. Ebenso können Situationen entstehen, dass Kinder direkt mit dem Trennungsschmerz der Eltern konfrontiert werden.

Je nach Entwicklungsalter kann die Trennung der Eltern beim Kind irrationelle Schuldgefühle hervorrufen: Hätte es sich anders verhalten, würden die Eltern sich nicht streiten oder die Eltern würden sich wieder lieb haben.

In verschiedenen Büchern und therapeutischen Geschichten wird dem Kind gezeigt, dass es nicht das Einzige ist, welches dies erlebt. Auch andere Familien haben sich schon verändert. Es werden Ängste der Kinder und eine mögliche Schuldfrage geklärt. Auch werden eine Vision und positive Lösungsansätze aufgezeigt. So kann es nach einer erfolgten Trennung besser für die Beteiligten sein, dass Mutter und Vater nicht mehr zusammen sind, aber es möglich ist, dass es jedem Elternteil alleine ohne Partner besser geht und sie fröhlicher werden.

Patchworkfamilien

Ist eine Trennung der Eltern vollzogen, ändern sich Familiensysteme. Und im Laufe der Zeit können weitere Veränderungen hinzukommen. Diese können neue Partner*innen, neue Stief- oder Halbgeschwister und andere Stief- oder Bonusverwandte sein. Bei Kindern kann dies viele Fragen und auch Ängste vor den Veränderungen hervorrufen. Die bisherige Familiendynamik wird umgeworfen, es gibt ergänzende Bezugspersonen oder zusätzliche unbekannte Wohnarrangements. Es ist notwendig, sich neu zusammen zu finden. In therapeutischen Geschichten kann dies begleitet und eine Akzeptanz für das neue Familiensystem entwickelt werden.

Pflege- und Adoptionsfamilien

Kinder, welche in Adoptions- oder Pflegefamilien aufwachsen, stehen, je nach Biographie, vor unterschiedlichen Herausforderungen. In der Vergangenheit sind verschiedene Verluste erlebt worden. Diese reichen von dem Wegfall der Eltern und möglichen Geschwistern bis zu dem Verlassen des gewohnten Umfelds, dem bisherigen Zuhause. Eventuell kam es zu der Erfahrung, dass Bindungen nicht verlässlich sind und schnell instabil werden können oder dass man diese komplett verlieren kann. Es können sich Schwierigkeiten entwickeln neue Bindungen aufzubauen, aus Angst diese wieder zu verlieren. Möglicherweise entstehen Befürchtungen wie die Zukunft werden kann, ob nochmal eine Platzierung in einer anderen Familie erfolgt oder ob die Wohnsituation nun dauerhaft sein wird.

Diese Herausforderungen können bei dem Kind zu verschiedenen Verhaltensweisen wie Aggression, Rückzug oder emotionalen Ausbrüchen führen.

In einer neuen Umgebung und einem neuen Umfeld gelten meist ebenso neue Regeln und Umgangsformen. Das Kind muss eventuell eine sehr große Anpassungsleistung erbringen, um in diesem Umfeld akzeptiert zu werden und hineinzupassen.

Auch stellen sich allgemeine Identitätsfragen. Das Kind kann das Bedürfnis entwickeln mehr über die leiblichen Eltern zu erfahren. Dies kann auch zu einer bewussten Abgrenzung von der Pflege- oder Adoptionsfamilie führen.

Regenbogenfamilien

Viele der klassischen Bilderbücher und Geschichten haben noch das traditionelle Familiensystem mit Mutter, Vater und Kind(er) als Ausgangspunkt. Kinder, die in anderen Familienkonstellationen, zum Beispiel mit gleichgeschlechtlichen oder nonbinären Elternteilen, aufwachsen, werden darin nicht repräsentiert. Je nach Umfeld kann es vorkommen, dass Kinder aus diesen Familien Diskriminierung, Stigmatisierung und Vorurteile erfahren. Sie werden damit konfrontiert, dass bei ihnen in der Familie etwas anders ist als bei vielen anderen Gleichaltrigen. Auch können je nach Familienbiographie Fragen zur Identität entstehen: Wer ist der leibliche Elternteil, der nicht mit in der Familie lebt?

Psychische Erkrankung der Eltern

Abhängig von genauer Diagnose und Verlauf können sich psychische Erkrankungen der Eltern auf das Wohlbefinden des Kindes auswirken. Es können emotionale Belastungen auftreten, welche mit Angst, Wut, Scham, Traurigkeit und

Verwirrungen einhergehen. Je nach Alter des Kindes kann eine Schuldfrage entstehen, wenn es nicht einordnen kann, wie die Krankheit beim Elternteil entstanden ist. Ebenso entsteht Unsicherheit, wie sich die psychische Situation entwickeln wird und ob eine stabile Phase wieder kommen kann oder sogar dauerhaft möglich ist. Es kann vorkommen, dass die Kinder übermäßig Verantwortung übernehmen, sodass der betroffene Elternteil entlastet wird. Das Risiko, dass eigene Bedürfnisse und Wünsche vernachlässigt werden und eine Überforderung eintritt, kann entstehen. Dies kann Auswirkungen auf schulische Leistungen haben, was zu einer weiteren Schwierigkeit im Leben des Kindes führen kann. Je nach Kommunikation kann die psychische Erkrankung ein Geheimnis darstellen, welches nur wenige Menschen kennen. So hat das Kind keine gesunden Ansprechpartner. Je nachdem versucht es dieses Thema mit zu verschweigen oder zu kompensieren.

Soziale Ängste

Es gab schon immer schüchterne und sozial ängstliche Kinder. Doch Corona brachte die Entwicklung, dass bei manchen Kindern vermehrt soziale Ängste entstanden sind. Dies äußert sich in Vermeidungsverhalten, Schüchternheit und Zurückhaltung in vielen sozialen Situationen, wie im Kindergarten, Sportverein oder beim Spielplatzbesuch. Es können Ängste entstehen, wie Interaktionen mit anderen ablaufen könnten. Die Befürchtungen vor negativen Reaktionen, Ablehnungen oder möglichen Peinlichkeiten wächst und führt zu Unwohlsein. Dies kann Auswirkungen auf das allgemeine Selbstbewusstsein haben. Eigene Stärken werden als solche nicht mehr erkannt und das Selbstwertgefühl nimmt ab. Eigene Gedanken, Meinungen und Wünsche können nicht mehr in jeder Situation verbalisiert werden. Dies kann Missverständnisse entstehen lassen, was weitere Frustrationen zur Folge haben kann. Es kann zur Isolation oder dem Schließen von nur wenigen Freundschaften führen. Dies alles kann Auswirkungen auf die Schullaufbahn haben. Mögliche Potenziale können nicht voll entfaltet werden oder werden von außen nicht wahrgenommen.

Überwindung von Ängsten

In einer therapeutischen Geschichte oder im klassischen Märchen überwindet der oder die Protagonist*in seine Angst, meistert einen Konflikt und ist am Ende erfolgreich. Ist die Heldfigur eine Identifikationsmöglichkeit für ein Kind und durchlebt in der Geschichte eine angstbesetzte Situation, welche das Kind auch kennt, wird diesem ermöglicht zu sehen, dass es Wege gibt, bestimmte Schwierigkeiten zu meistern (Brett, 2004). Dies kann dazu beitragen, dass das Kind selbst gestärkt wird und somit weniger angstvoll in gewisse Situationen hineingeht.

Umgang mit Aggressionen und anderen Gefühlen

In ihrer normalen Lebenswelt ist es Kindern nicht immer möglich, alle Gefühle ungestraft ausleben zu können. Doch durch die Identifikation mit einer Figur aus einer Geschichte oder einem Märchen ist es dem Kind erlaubt seine Gefühle ungestraft zu erleben. Es kann somit der Umgang mit ihnen gelernt werden. Ebenso sind in einer Geschichte Gefühle zulässig und können angesprochen werden, die im normalen Leben unterbewusst wahrgenommen und in der Regel nicht ausgesprochen werden. Es ist erlaubt, in einer Geschichte Rache- und Mordpläne zu schmieden, um so das kindliche Bedürfnis nach Gerechtigkeit und Vergeltung zu befriedigen (Schäfer, 1993).

Psychoedukation und Akzeptanz von Beeinträchtigungen

Je nach Art der Beeinträchtigung, ob motorisch, sprachlich oder auch sozial-emotional, können Kinder durch Geschichten erfahren, dass auch andere vor ähnlichen Herausforderungen stehen wie sie selbst. Im Alltag werden sie immer wieder mit Schwierigkeiten konfrontiert, welche andere Gleichaltrige nicht auf diese Weise erleben. Je nachdem kann das Selbstbewusstsein geringer sein, da manche Situationen mit mehr Mühe oder gar nicht bewältigt werden können. Dies kann zu einer Isolation, innerem Rückzug und Frustrationen führen. Es fühlt sich nicht fair an, andere Kinder zu sehen, die scheinbar ohne

Schwierigkeiten durchs Leben kommen, während man selbst viel Zeit und Anstrengung zum Beispiel durch Therapien und Üben aufwendet. Durch Geschichten kann illustriert werden, dass es auch andere Kinder gibt, welche mit ähnlichen oder gleichen Schwierigkeiten konfrontiert sind. Es wird anerkannt, dass manches schwerer fällt und dies für das betreffende Kind auch „total blöd“ sein kann. Gleichzeitig kann vermittelt werden, dass es möglich ist andere Wege zu gehen. Andere Stärken und Ressourcen können hervorgehoben werden. Auch können Geschichten über Kinder mit Beeinträchtigungen helfen, bei anderen Kindern und Erwachsenen eine Idee von Vielfalt, Inklusion und Akzeptanz zu erzeugen. Ebenso ist es möglich in Geschichten Informationen und Wissen über die jeweilige Beeinträchtigung für Psychoedukation und das allgemeine Wissen über die Herausforderung einfließen zu lassen.

Übergänge, Reifungsthemen und Ablösungsprozesse

Für Kinder sind diese Punkte drei sehr entscheidende Prozesse in ihrer Entwicklung. Sie müssen lernen etwas loszulassen, frühe Bindung in der Kindheit locker zu lassen und lernen eigenständig zu werden (Schäfer; 1993).

In vielen Geschichten und Märchen müssen die Helden*innen sich alleine auf den Weg machen und Abenteuer bestehen. Ein Beispiel hierfür wäre das bekannte Volksmärchen „Hänsel und Gretel“, in welchem die zwei Kinder sich verlassen von ihren Eltern gegen die Hexe durchsetzen und schlussendlich aber in Reichtum und

Glück enden. Für Kinder kann es hilfreich sein zu hören, dass ihre Held*innen es auch geschafft haben unabhängig zu werden und sich gegen die Gefahren der Welt wehren konnten. Sie können dies eventuell mitnehmen, um selbst zu lernen sich von ihren Eltern langsam zu entfernen in den verschiedenen Entwicklungsschritten.

Arbeit mit bestimmten Zielgruppen

Es gibt zahlreiche verschiedene Anwendungsbereiche, in denen Geschichten als Behandlungsmethode genutzt werden. Mills & Crowley (1996) zählen nach der Auswertung verschiedener Studien unter anderem dazu: Kindesmisshandlungen, Enuresis, Kinder mit ödipalen Problemen, Schulphobien, Schlafstörungen, Daumenlutschen, Krankenhausaufenthalte oder Kinder mit minimaler cerebraler Dysfunktion. Geschichten können ebenso in der Arbeit mit der ganzen Familie, also in einer Familientherapie, eingesetzt werden und somit eine systemische Sichtweise hinzubringen.

Umgang mit Tod

Kinder können auf unterschiedliche Weise mit dem Tod in Berührung kommen. Dies kann von dem Verlust eines Haustieres bis zum Tod der Großeltern, eines Elternteils oder eines Geschwisterkindes reichen. Je nach Entwicklungsalter und Glaubenshintergrund der Familie können sich dabei unterschiedliche Herausforderungen entwickeln. Möglicherweise hat das Kind bisher noch kein

Verständnis über die Bedeutung des Todes. Die unwiderrufliche und endgültige Trennung wurde bisher eventuell noch nicht erlebt und nicht verstanden, dass dies nicht rückgängig gemacht werden kann. Kinder können mit starken Emotionen wie Trauer, Wut, Angst und Schuld konfrontiert werden. Je nach Situation erleben sie Emotionen bei den hinterbliebenen Erwachsenen, die sie bisher noch nicht von diesen kannten und nicht verstehen können. Auch können Ängste vor dem eigenen Tod oder dem Tod anderer wichtiger Bezugspersonen entstehen. Das Kind hat erfahren, wie schnell Stabilität und Vertrautes wegbrechen kann. Dies kann ein Gefühl von Unsicherheit erzeugen.

Literatur

Brett, D. (2004). *Anna zähmt die Monster. Therapeutische Geschichten für Kinder.* Salzhausen: isokopress.

Mills, Joyce C.; Crowley, Richard J. (1996). *Therapeutische Metaphern für Kinder und das Kind in uns.* Heidelberg: Carl- Auer- Systeme Verlag.

Schäfer, M. (1993). *Märchen lösen Lebenskrisen – Tiefenpsychologische Zugänge zur Märchenwelt.* Freiburg: Herder Verlag.

9. Exkurs: Kinderbuch Henry

Eine kleine Geschichte über das Anderssein, den Abschied und die Freude der Erinnerung

Eva Koch

Von was handelt deine Geschichte?

Die reale Geschichte handelt von zwei Eselfreunden, die ihr neues Zuhause bei Eva und Sebastian, einem Menschenpaar, finden. Eva und Sebastian verwirklichen sich damit einen Lebenstraum. Die beiden Esel Anton und Henry sind stets füreinander da und schenken den beiden Menschenfreunden unvergessliche, lustige und schöne Momente. Als es Henry, der von Geburt an einen außergewöhnlich runden Bauch hat, gesundheitlich immer schlechter geht und er schließlich für immer einschläft, werden schöne, unvergessliche Erinnerungen geschaffen.

Abb.4

Wie bist du auf die Idee gekommen, ein Buch zu schreiben?

Ich habe zunächst nach einem Medium gesucht, meine eigene Trauer über den Verlust von Henry zu verarbeiten und die vielen tollen Erlebnisse mit den beiden Langohren festzuhalten. Aus meiner kunsttherapeutischen Arbeit kenne ich, mit unterschiedlichen Farben und Materialien kreative Werke zu erschaffen. Dieses Mal sollten es Worte sein.

Meine Intention war es nicht, ein Buch für die Öffentlichkeit zu schreiben. Daher schrieb ich mir zunächst einen Text von der Seele. Dazu brauchte es gar nicht viel Kopfarbeit. Ich schrieb einfach drauf los und bemerkte schnell, wie gut es mir tat, meinen Gedanken freien Lauf und diese Geschichte schließlich entstehen zu lassen.

Wie bist du vorgegangen?

Als ich mir den Traum verwirklichen konnte, zwei Esel zu halten und Bekannten und Freunden immer wieder mit Begeisterung von den vielen wunderbaren, lustigen Erlebnissen berichtete, bekam ich oftmals die Rückmeldung, diese „Eseleien" unbedingt schriftlich festhalten zu müssen. So begann ich, mir Notizen über besondere Momente mit Anton und Henry zu machen. Diese kurzen Aufschriebe haben mir später geholfen, meine Geschichte auszuschmücken. Als der Text für dieses Buch fertig geschrieben war, machte ich mich auf die Suche nach einer Illustratorin. Johanna van Norden malte die wunderschönen Bilder anhand von Fotos und meinen Erzählungen sehr passend zur Geschichte. Eine große Aufgabe war es für mich schließlich, das Layout zu erstellen und dem gesamten Buch eine Form zu geben.

Wie hat dir das Schreiben der Geschichte beim Trauerprozess geholfen?

Mir persönlich hat es gutgetan, meinen Gedanken freien Lauf zu lassen und diese in Form eines Textes auf Papier zu bringen. Hilfreich war für mich das Schreiben auch, um meine Gedanken ein Stück weit zu sortieren und um mich auf die unvergesslichen und schönen Momente zu fokussieren. Es war mir sehr wichtig, all meine Erlebnisse festzuhalten, damit diese nicht verloren gehen. Auch im Nachhinein schwelge ich gerne in meinen Erinnerungen an die beiden liebenswürdigen Langohren, lese das Buch und schaue mir die tollen Bilder an.

Für wen ist dieses Buch gedacht, wer ist die Zielgruppe?

Das Buch ist für Kinder jeglicher Altersklassen gedacht, die sich mit dem Thema Trauer bzw. Verlust auseinandersetzen müssen oder wollen. Aufgrund des geringen Textumfanges und den wunderschönen Illustrationen eignet es sich sowohl zum selber lesen und betrachten, als auch für Kinder im Vorlesealter. Es soll Mut machen, sich an besondere, schöne Momente zu erinnern und dafür einen Samen zu pflanzen.

Abb.5

Wo kann man das Buch beziehen?

Das Buch kann in jedem Buchhandel unter der ISBN 978-3-7583-2476-5 erworben werden und wird nach Bestelleingang bei Books on Demand gedruckt und versendet.

QR-Code zum Bestellen des Buches:

Abb.6

10. Moderne und immer noch aktuelle Kinderheldinnen und -helden

Viele Kinder haben ein oder mehrere Charaktere aus Fernsehen, Streamingportalen oder auch Büchern, welche sie toll fnden und sich teilweise sehr intensiv damit befassen. Es gibt mittlerweile zu den meisten Kinderserien sehr viele Alltagsartikel, wie Brotdosen oder Kleidungsstücke, mit dem Konterfei der unterschiedlichsten Kinderheld*innen. Diese Figuren sind für viele Kinder Identifikationsfiguren, welche sie bewundern und diese über einen langen Zeitraum verfolgen. Kinder zeigen sich empfänglich für die Botschaften ihres Lieblingscharakters. Meist gibt es in den verschiedenen Serien Themen und Inhalte, die man so auch in anderen für Kinder entwickelten Geschichten findet. Im Folgenden werden eine Auswahl von verschiedenen Kinderserien und Kinderbüchern mit den darin vorkommenden Themen dargestellt.

Bobo Siebenschläfer

Die Geschichten von Markus Osterwalder sind speziell für sehr junge Kinder konzipiert und handeln von dem kleinen Siebenschläfer Bobo, seiner Familie und seinen Abenteuern.

- Alltagsthemen: Die Bücher thematisieren häufig einfache Themen aus dem Alltag wie Essen, Schlafengehen oder Zoobesuch.
- Familie: Die gemeinsam verbrachte Zeit als Familie ist eine wichtige Grundlage der Geschichten.
- Entwicklung und Lernen: Bobo entwickelt in den Geschichten neue Fähigkeiten und zeigt, dass Veränderungen, Lernen und Wachstum möglich sind. Je nach Tätigkeit lernt Bobo etwas selbstständig auszuführen, für das er früher noch Hilfe benötigt hat.
- Gefühle: In seinen Abenteuern erlebt Bobo die Bandbreite der verschiedenen Emotionen. Die Geschichten können Kindern helfen zu zeigen, was es für Gefühle gibt, wie diese verbalisiert werden können und wie man adäquat mit diesen umgehen kann. Es wird thematisiert, dass es auch okay ist, vor manchen neuen Situationen wie dem Kindergarten- oder Zahnarztbesuch Angst zu haben.
- Neugier und Entdeckungen: Bobo interessiert sich für seine Umwelt und was um ihn herum passiert. Die Geschichten sollen Lust machen selbst etwas zu explorieren und Fragen zu stellen.

Feuerwehmann Sam

Die seit Mitte der Achtziger existierende britische Kinderserie dreht sich um den Feuerwehrmann Sam, welcher in dem Städtchen Pontypandy gemeinsam mit seinen Kollegen, aber meist hauptsächlich er in der Heldenrolle verschiedenste Rettungseinsätze erlebt.

- Verhalten in Notfällen: In der Serie wird gezeigt, wie man sich bei verschiedenen Notfällen verhalten soll. Da die Serie vor allem für Kinder von drei bis sechs Jahren konzipiert ist, wird von der Darstellung expliziter Rettungseinsätzen von Zivilisten abgesehen, sondern stattdessen wird versucht die Kinder zu ermutigen bei Gefahr die Notrufnummern zu wählen.
- Sicherheit und Prävention: Es wird den Zuschauern und Zuschauerinnen nähergebracht, wie notwendig ein verantwortungsvoller Umgang mit Feuer und anderen Gefahrensituationen ist.
- Hilfsbereitschaft und Mut: In der Serie wird vermittelt, wie wichtig es ist anderen zu helfen. Die Charaktere agieren häufig selbstlos und stehen mutig für andere ein.
- Freundschaft und Teamarbeit: Ein wichtiger Aspekt der Serie ist die Freundschaft und der Zusammenhalt der Personen. Sie agieren gemeinsam und können so viel erreichen, was alleine nicht möglich gewesen wäre.
- Vielfalt und Inklusion: In Pontypandy leben viele unterschiedliche Charaktere. So gibt es zum Beispiel schon seit Beginn der Serie eine alleinerziehende Mutter mit ihrem Sohn, welcher verschiedene

Feuerwehreinsätze auslöst. Es gibt verschiedene Protagonist*innen, die einen Migrationshintergrund haben und dieser in die Serie mit integriert wird, wenn zum Beispiel das chinesische Neujahrsfest gefeiert wird. In der Feuerwehrwache arbeiten sowohl Männer als auch Frauen miteinander. In einer der späteren Staffeln kommt ein Mädchen im Rollstuhl hinzu, dessen Beeinträchtigung als solche nicht thematisiert wird, sondern als gegeben angenommen wird.

Ronja Räubertochter

Die Geschichte dreht sich um die junge Ronja, die Tochter des Räuberhauptmanns Mattis und seiner Frau Lovis, welche gemeinsam auf der Mattisburg leben. Ronja erlebt mit ihrem Freund Birk Borkason, Sohn des mit ihrem Vater verfeindeten Konkurrenzräuberbandführers, verschiedene Abenteuer im magischen Wald. In dem Roman von Astrid Lindgren, der 1981 veröffentlicht wurde, lassen sich verschiedene Themen finden, welche immer noch aktuell sind:

- Freiheit und Unabhängigkeit: In der Gestalt von Ronja wird die Idee von Freiheit und Unabhängigkeit verkörpert. Aufgewachsen in einer Räuberbande und in der Freiheit des Waldes zeigt sie wie wichtig es sein kann, sich von gesellschaftlichen und familiären

Erwartungen zu befreien und sein eigenes Leben zu gestalten.

- Mut und Selbstvertrauen: Ronja ist eine mutige Protagonistin. Sie stellt sich gegen ihren Vater und dessen Erwartungen, steht für ihre eigenen Ideale ein und erlebt verschiedene Abenteuer im Wald gemeinsam mit ihrem Freund.
- Familie und Freundschaft: Trotz der Herkunft aus einem delinquenten Umfeld wird deutlich, wie wichtig Freundschaft und Familie ist. Die Freundschaft zwischen Ronja und Birk überwindet die Konflikte ihrer rivalisierenden Familien und zeigt die Bedeutung von Loyalität und Zusammenhalt.
- Toleranz und Verständnis: In der Geschichte wird skizziert, wie unterschiedliche Lebensweisen und Ansichten toleriert werden können. Durch das Überwinden von Vorurteilen, einer offenen Haltung und gegenseitigem Respekt entsteht eine tiefgehende Freundschaft zwischen Ronja und Birk.
- Konfliktlösung und Versöhnung: Im Buch gibt es verschiedene Konflikte, welche am Ende aufgelöst werden, indem unter anderem auch ein Räuberhauptmann über seinen eigenen Schatten springt und sich kompromissbereit zeigt und es so zu Versöhnung und Vergebung kommt.
- Naturverbundenheit: Der Wald und die Natur spielen eine zentrale Rolle in der Geschichte. Ronja schätzt

und respektiert ihre Umgebung. Es wird vermittelt, wie wichtig es ist diese zu erhalten.

Peppa Wutz

Peppa Wutz, im Original Peppa Pig, ist eine humorvolle, britische Zeichentrickserie für Kinder. Die Serie dreht sich um das Leben einer kleinen Schweinchenfamilie. Folgende Hauptthemen sind ansprechend und lehrreich für die Zuschauer:

- Familie: Eine der Kernbotschaften von Peppa Wutz ist die Bedeutung der Familie. Peppa lebt gemeinsam mit ihren Eltern und ihrem Bruder zusammen und erfährt viel Liebe und Unterstützung innerhalb ihrer Familie. Die Serie vermittelt den Kindern ein Gefühl von Zusammengehörigkeit.
- Freundschaft: Peppa Wutz erlebt gemeinsam mit ihren Freunden und ihrem Bruder Schorsch viele verschiedene Abenteuer, in welchen sie sich gegenseitig helfen und zusammenarbeiten.
- Positive Werte: Zusammenhalt, Freundlichkeit, Ehrlichkeit, Respekt, Füreinander da sein und Teilen tragen zu der optimistischen Grundstimmung der Serie bei. Es wird gezeigt, wie wichtig es ist, Konflikte friedlich miteinander zu lösen.

- Alltagssituationen: Die Serie thematisiert alltägliche für Erwachsene meist unbedeutende Situationen, welche die jungen Zuschauer aber kennen und sich damit identifizieren können, wie zum Beispiel Ausflug zum Strand oder in den Kindergarten gehen. Es kann helfen, die eigenen Erfahrungen besser zu verstehen.
- Lernen und Entdecken: Es werden in Peppa Wutz verschiedene Grundkonzepte wie Farben, Zählen, Formen und einfache wissenschaftliche Zusammenhänge vermittelt.

PAW Patrol

Die animierte kanadische Kinderserie handelt von dem Jungen Ryder und einer Gruppe von Hunden, der PAW Patrol, welche gemeinsam verschiedene Rettungsmissionen unternehmen. Folgende Themen lassen sich in der Serie finden:

- Freundschaft, Teamarbeit und Gemeinschaft: Die verschiedenen Mitglieder der PAW Patrol, welche zugleich Freunde sind, kümmern sich umeinander und stehen gegenseitig für einander ein. Dabei hat jedes Mitglied individuelle Fähigkeiten, welche dazu beitragen, dass man ein Problem gemeinsam lösen kann. In der Serie wird immer wieder betont, dass man sich gegenseitig unterstützt und so gemeinschaftlich etwas erreichen kann.

- Anderen helfen, Verantwortung übernehmen: Die Hauptaufgabe der verschiedenen Rettungshunde ist, anderen zu helfen. Es wird gesellschaftliche Verantwortung übernommen, um anderen beizustehen.
- Mutig sein: Die verschiedenen Erlebnisse sind nicht ungefährlich, dennoch stellen die Heldinnen und Helden der PAW Patrol sich immer wieder von neuem mutig der Situation.
- Problemlösung: Die PAW Patrol steht immer wieder vor neuen Abenteuern und Herausforderungen. Die Hunde geben trotz Widrigkeiten nicht auf, sondern finden immer wieder neue und kreative Problemlösungen.
- Vielfalt: Jedes PAW Patrol Mitglied gehört einer anderen Hunderasse an. Dennoch verstehen sich alle und stehen für einander ein. So wird eine bunte und inklusive Gemeinschaft repräsentiert, in welcher niemand auf Grund von Geschlecht oder Herkunft ausgeschlossen wird.

Die Eiskönigin

Die Filme „Eiskönigin" I und II, welche von Walt Disney produziert wurden, handeln von den beiden Schwestern Anna und Elsa, welche gemeinsam mit dem Schneemann Olaf und dem Eislieferanten Christoff das Königreich Arendelle vom ewigen Winter befreien. Der Film, welcher sich an dem Märchen „Die Schneekönigin" von Hans

Christian Andersen orientiert, beinhaltet verschiedene Themen:

- Geschwisterliebe: Anna und Elsa haben trotz aller Unterschiede und Schwierigkeiten eine sehr enge Bindung. Es gibt eine starke Verbindung und bedingungslose Liebe zwischen den Geschwistern.
- Freundschaft: Die beiden Schwestern bekommen auf ihrem schwierigen Weg Unterstützung und Hilfe von ihren beiden Freunden Olaf und Christoff.
- Selbstakzeptanz und Selbstliebe: In den Filmen wird gezeigt, dass Elsa, die ältere der beiden Schwestern, sehr starke magische Fähigkeiten hat. Diese Kräfte versucht sie in ihrer Kindheit und Jugend zu verstecken. Sie kann selbst nicht wirklich verstehen, was anders mit ihr ist. Im Verlauf des Filmes lernt sie ihre Fähigkeiten anzunehmen, sich so zu akzeptieren wie sie ist und ihre eigenen Stärken zu entdecken.
- Verantwortung und Führung übernehmen: Elsa übernimmt als Königin von Arendelle viel Verantwortung für ihr Reich. Als Herrscherin über viele Menschen steht sie immer wieder vor neuen Herausforderungen und muss in ihre Rolle hineinwachsen.
- Opferbereitschaft und Selbstlosigkeit: Die Protagonistinnen der Filme zeigen immer wieder ihre Bereitschaft selbst zurück zu stehen und persönliche

Opfer zu bringen, um anderen zu helfen und ihre Liebsten zu schützen.

- Mut und Überwindung von Ängsten: Um ihr Ziel zu erreichen und das Königreich vom ewigen Winter zu befreien, müssen Anna und Elsa verschiedene Hindernisse überwinden und sich ihren Ängsten stellen.

SpongeBob Schwammkopf

Die humorvolle Zeichentrickserie handelt von der Titelfigur, dem gelben, quaderförmigen Schwamm Robert „SpongeBob" Schwammkopf und dessen Freundinnen und Freunde und Bekannte. SpongeBob lebt in der Unterwasserstadt Bikini Bottom. Die Serie handelt von seinem Alltag und seinen verschiedenen Abenteuern.

- Freundschaft:. Wie schon bei den anderen Kinderheldinnen und -helden ist ein zentrales Thema der Serie die Freundschaft zwischen SpongeBob und dem Seestern Patrick. Gemeinsam erleben sie verschiedene Abenteuer, in welchen ihre Freundschaft immer wieder auf die Probe gestellt wird.
- Optimismus: Spongebob hat eine sehr positive Lebenseinstellung und Herangehensweise bei Herausforderungen. Er zeigt eine unerschütterliche Begeisterung und wie man mit Freude durchs Leben geht.

- Humor: Durch die skurrilen Charaktere und Begebenheiten ist die Serie sowohl für Kinder als auch für Erwachsene unterhaltsam.
- Verantwortung und Konsequenzen: Für ihr Handeln erleben die Protagonistinnen und Protagonisten immer wieder, dass dieses Konsequenzen haben kann. Kinder lernen, dass man für das eigene Tun verantwortlich ist.
- Beruf: In der Serie werden immer wieder die Arbeitsplätze der Charaktere im Fast-Food-Restaurant Krosse Krabbe, im Restaurant Abfalleimer oder in der Bootsfahrschule thematisiert. Es geht um Arbeitsmoral, Beziehung zu Vorgesetzen und Arbeitsplatzdynamik.

Literatur

Lindgren, A. (1982). *Ronja Räubertochter.* Hamburg: Verlag Friedrich Oetinger GmbH.

Osterwalder, M. (2004). *Bobo Siebenschläfer Bildergeschichten für ganz Kleine.* Hamburg: Rowolt Taschenbuch.

Filme und Serien

Hillenburg S., Tibbitt P., Cecceralli M., Waller V., (seit 1999). *Spongebob Schwammkopf,* Nickelodeon Animation Studios United Plankton Pictures, Erstausstrahlung auf Nickelodeon.

Buck C. & Lee J. (2013). *Die Eiskönigin – Völlig unverfroren*, Walt Disney Pictures.

Whitney J., Bastien C. (seit 2013). *Paw Patrol,* Guru Studio, Spin Master Entertainment; Erstausstrahlung auf Nickelodeon.

Davies P. (2004-2021). *Peppa Wutz*, Hasbro Entertainment & Karrot Animation, Erstausstrahlung auf Channel 5.

Gingell D, Jones D., Lee R. (seit 1985). *Feuerwehrmann Sam,* ursprünglich Bumper Films, aktuell WildBrain Studios,Erstausstrahlung auf S4C.

Anhang Beispielgeschichten

Thomas und die kleine Eisenbahn

An einem Tag im Sommer vor nicht allzu langer Zeit lief Thomas, der alte Lokomotivführer, auf dem Gelände des stillgelegten Bahnhofes umher. Thomas wohnt in dem kleinen Bahnwärterhäuschen aus roten Backsteinen, das neben der ehemaligen Ankunftshalle steht. Eigentlich dürfte er dort gar nicht mehr wohnen, da er schon in Pension gegangen ist, aber da er nicht wusste, wo er hin sollte, da er schon über 40 Jahre dort gewohnt hat und auch die Eisenbahngesellschaft das Häuschen nicht brauchte, durfte er da wohnen bleiben.

An diesem schönen Sommertag also lief Thomas, wie jeden Morgen, die verschiedenen Bahnsteige ab und schaute ob alles in Ordnung ist: die Gleise ordentlich gepflegt, die Steine innerhalb der Gleise nicht zu wenig, aber auch nicht zu viele waren, und auch die Weichen richtig gestellt waren.

Während er da so lang ging, hörte er plötzlich ein Geräusch, es klang wie ein Schluchzen. Es war ganz leise, eigentlich kaum hörbar, doch da er so gute Ohren hatte, hatte er es trotzdem gehört. Thomas schaute sich um und entdeckte dann plötzlich hinten am Gleis 5, das Gleis, das früher für die Züge bestimmt war, die zur Reparatur mussten und welches sich ganz am hintersten Ende des Bahnhofs befindet, eine kleine Dampflokomotive. Eine, die ganz so ausschaute wie die, die immer früher gefahren waren. So eine schwarze mit rotem Schornstein und die noch mit Feuer und Kohlen lief. Solche Dampflokomotiven werden aber eigentlich schon lange nicht mehr gebaut, genauer gesagt seit 1879 nicht mehr, als Werner von Siemens den Elektroantrieb erfunden hat. Trotzdem sind solche Eisenbahnen, die mit Kohle die Schienen entlang gefahren sind, noch ein paar Jahre gefahren und fahren heute noch manchmal zu besonderen Anlässen, deshalb kannte sie Thomas auch. Doch so eine kleine hatte er noch nie zuvor gesehen. Mittlerweile stand er schon vor der kleinen Eisenbahn, welche ihn noch nicht bemerkt hatte. „Was ist denn los?", fragte Thomas, „Warum weinst du denn?" Erschrocken hielt die kleine Eisenbahn erstmal in ihrem Schluchzen inne und blickte auf: „Oh, ich habe gar nicht bemerkt, dass hier jemand ist. Ich habe gedacht, ich bin alleine hier. Ich bin so traurig, da mich die anderen kleinen Eisenbahnen nie mitspielen lassen. Sie machen sich immer über mich lustig, da ich nicht so gut fahren kann wie sie, sondern immer wieder mal aus Versehen ein falsches Gleis erwische und so in eine völlig andere Richtung fahre, als ich eigentlich sollte. Ebenso bin ich nicht so schnell wie die anderen, da ich ja nur mit Kohle fahre und nicht einen Elektroantrieb habe, wie die anderen!", fing die kleine Eisenbahn in einem Schwall an zu erzählen, sodass Thomas Schwierigkeiten hatte gleich alles mitzubekommen, da es so viel war, was die kleine Eisenbahn erzählt hatte. „Ach", meinte Thomas nur. „Ach, das kann ich verstehen, dass dir das Kummer bereitet.“ „Ja, ich will doch einfach nur so fahren, wie die anderen Eisenbahnen. Aber dann sehe ich manchmal etwas Interessantes am Wegesrand stehen und schon bin ich so abgelenkt, dass ich die falsche Weiche erwische und somit nicht mehr in die Richtung fahre, in die ich eigentlich sollte und auch kann ich ja nichts dafür, dass ich nicht so schnell fahren kann, wie die anderen.“ „Hm, ja, das ist wirklich ein großes Problem. So etwas ist nicht schön, vor allem wenn dich die anderen Eisenbahnen deswegen auslachen. Aber sei nicht traurig, du kannst lernen schneller zu fahren und auch öfters den richtigen Weg zu erwischen.“ „Echt, wirklich? Wie kann ich das lernen? Kannst du mir das beibringen?“, fragte die kleine Eisenbahn, indem sie mit ihrem Weinen aufhörte und Thomas aus großen Augen anblickte.

„Ja, ich kann es versuchen“, meinte Thomas und setzte sich in das Führerhäuschen der kleinen Lok. Dort angekommen war er beeindruckt von den verschiedenartigsten Instrumenten, die dort zu finden waren. Er war zwar sehr lange Lokomotivführer gewesen, aber so viel verschiedene Knöpfe, Schalter und Maschinenteile hatte er selten gesehen. „Das muss ja wirklich ganz schön schwierig sein, darüber den Überblick zu behalten und immer zu wissen, was man tun muss, wenn einer der Knöpfe gedrückt wird“, meinte Thomas, „aber okay, nun zurück zu der Sache, weswegen ich eigentlich hier bin. Um schnell zu fahren ist es sinnvoll, seine Kräfte richtig einzuteilen und nicht auf einmal zu viel Kohle zu nehmen. Komm, ich zeig es dir mal!" Thomas schob jetzt eine Schaufel voller Kohle in den Ofen der kleinen Lok und meinte: „So jetzt fahr mal los. Ich zeig dir dann wie du ungefähr dosieren musst, um möglichst schnell fahren zu können." Doch als die kleine Lokomotive los fahren wollte, ging das erst mal nicht, da sie so viel Kohle in den Ofen geschoben bekommen hatte, dass sie husten musste und so das Feuer ausging. „Oh, das tut mir leid. Das ist mein Fehler gewesen, ich habe zu viel Kohle genommen. Aber lass uns es gleich noch mal versuchen." Und diesmal klappte es, die kleine Eisenbahn setzte sich zusammen mit Thomas im Führerhäuschen in Bewegung und brauste schnell mit einem lauten Schnauben aus dem Bahnhof.

Die kleine Lok fuhr schnell, so schnell - wie sie glaubte - wie nie zuvor. Sie sah, wie Thomas die Kohlen rein schaufelte und dass er regelmäßig immer wieder ein klein bisschen was in den Ofen tat, und nicht wie sie sonst früher immer viel auf einmal rein geschaufelt hatte. „Ach, das war das Problem gewesen. Ich wollte so schnell sein und habe deshalb immer sehr viel Kohle genommen, aber das war zu viel des Guten gewesen. Es ist besser, nicht ganz so viel zu nehmen, dies dafür dann aber gezielt einzusetzen", dachte die kleine Eisenbahn so für sich, während sie mit Thomas die Gegend entlang fuhr.

Dabei blickte sie, wie es so ihre Gewohnheit war, in der Gegend umher. Plötzlich sah sie etwas. Ein Pferdefuhrwerk war in einen Graben gefahren und der

Bauer mit dem Pferd stand daneben und wirkte ziemlich verloren. „Oh, Thomas, hör kurz mal auf Kohle nachzuschieben. Ich glaube, ich habe da jemanden gesehen, der Hilfe braucht.“ Und schon hielt die kleine Eisenbahn an. Der Bauer war ziemlich erstaunt und meinte gleich: „Bin ich froh, dass Sie angehalten haben. Ich brauche dringend Hilfe und die anderen Eisenbahnen sind immer schnurgerade die Schienen entlang gefahren und keiner hat mal zur Seite geschaut und mich dabei entdeckt. Mein Pferd ist aus Versehen in den Graben rein gefahren und jetzt kriegen wir zu zweit nicht mehr den Karren heraus, der im Matsch feststeckt. Können Sie mir vielleicht helfen?“ Thomas schaute die kleine Eisenbahn an, die ihm zunickte, und meinte dann daraufhin zu dem Bauer: „Ja natürlich, kein Problem! Lassen Sie uns mit einem Seil den Karren an die Eisenbahn befestigen und dann langsam losfahren.“ So setzten sie es dann auch in die Tat um. Als das Seil befestigt war, fuhr die Eisenbahn ganz langsam und behutsam vorwärts. Der Pferdekarren schob sich, je mehr die Eisenbahn nach vorne fuhr, aus dem Matsch, bis er schließlich wieder ganz auf dem Weg stand. „Vielen, vielen Dank“, meinte der Bauer zu Thomas, „wenn Sie nicht so aufmerksam gewesen wären und mal an den Wegesrand gesehen hätten, wäre ich wahrscheinlich noch bis morgen früh hier gewesen.“ „Danken Sie lieber der kleinen Lokomotive, die hat Sie gesehen. Ich selbst habe wie alle anderen nur auf die Schienen geachtet“, meinte Thomas. „Oh, ja wenn das so ist, vielen lieben Dank kleine Lokomotive. Da hast du mir ja dann gleich zweimal geholfen: Ein Mal, indem du mich entdeckt hast, und dann, indem du meinen Pferdekarren rausgezogen hast.“ „Nichts zu danken, das habe ich doch gerne gemacht“, sagte die Lokomotive, die jetzt gar nicht mehr so klein wirkte, mit leicht erröteten Wangen.

Und nachdem sie das gesagt hatte, fuhr sie gemeinsam mit Thomas wieder die Schienen entlang, diesmal aber etwas langsamer, sodass sie und Thomas sich immer gegenseitig auf die schönen Dinge aufmerksam machen konnten, die da so am Wegesrand standen. Nur manchmal, wenn sie darauf Lust hatten, fuhren die Eisenbahn und Thomas so schnell, dass die anderen Eisenbahnen immer neugierig die Köpfe wandten und bewundernd hinterher blickten.

Kleiner Falke

Vor vielen, vielen Jahren, als es noch keine Handys oder Telefone gab und die Menschen sich noch durch Rauchzeichen miteinander verständigten, wenn sie weit voneinander entfernt waren, sodass sie sich nicht mehr hören konnten, lebte irgendwo im wilden Westen in der hintersten Ecke ein kleiner Indianer. Eigentlich war der Indianer gar nicht mehr so klein, er war schon sieben, aber trotzdem redeten alle anderen Indianer immer von ihm nur als den Kleinen Falken. Dabei war der Kleine Falke schon oft mutig gewesen und hat sich so manches getraut, was die älteren Jungen nicht machten. Aber da er manche Sachen wie Malen oder etwas mit dem Messer schneiden nicht so gut konnte, merkten die anderen Indianer nicht immer, was er schon gut konnte.

Eines Tages war der Kleine Falke zusammen mit seinem Vater auf die Jagd gegangen. Sie hatten recht viel Erfolg gehabt und schon einige Rebhühner erlegt. Plötzlich sah der Vater von Kleiner Falke, der Schneller Luchs genannt wurde, in weiter Ferne eine Bisonherde stehen. „Oh, schau mal Kleiner Falke, dort drüben die Herde! Wenn ich davon ein Tier erwische, hätten wir sehr viel Fleisch für den Winter und obendrein könnte dir deine Oma noch eine warme Decke aus dem Fell machen. Ich werde schnell dorthin rennen und versuchen eines der Tiere zu erlegen. Allerdings bleibst du besser da und wartest hier auf mich, da wir sonst zu lange brauchen, wie wenn wir gemeinsam gehen. Ich bin bald wieder zurück.“ Und während Schneller Luchs dies sagte, war er schon halb auf dem Weg in Richtung der Bisonherde, sodass Kleiner Falke gar nichts mehr erwidern konnte.

Er wäre schon gerne mitgegangen und bestimmt hätte er seinem Vater helfen können, doch jetzt musste er leider hier bleiben und warten. Nachdem er ungefähr eine Stunde gewartet hatte, war sein Vater immer noch nicht zurück. Der kleine Indianer konnte gut an den länger werdenden Schatten beobachten, wie immer mehr die Zeit verstrich und langsam bekam er ein bisschen Angst, da er seinen Vater immer noch nicht wieder sah. „Papa“, rief er laut, doch er bekam keine Antwort. Er rief noch mal und noch mal, doch immer noch keine Antwort. Kleiner Falke überlegte was er tun könnte: Zurück in das Lager seines Stammes konnte er nicht, da er nicht genau wusste, wie er gehen müsste, da sie heute schon eine sehr weite Strecke gelaufen waren. Also blieb ihm nur eine Möglichkeit, er muss in die Richtung gehen, in die auch sein Vater gegangen war und hoffen ihn auf dem Weg zu finden. Doch ganz alleine durch die immer dunkler werdende Prärie, davor hatte er ebenso Angst. Da spürte er plötzlich sein Totem, das er in einem kleinen Säckchen um den Hals trug. Ein Totem ist so etwas wie der persönliche Schutzgeist. Bei der Geburt wird für jeden einzelnen Indianer immer eines festgelegt, was ihn dann sein ganzes Leben lang begleitet und ihm Kraft und Mut schenken soll. Auf diese Weise ist ein Indianer nie wirklich alleine.

Bei dem kleinen Indianer war sein Totemsymbol eine Falkenfeder und eine Kralle dieses Vogels, da in der Stunde, als er geboren wurde, auf dem Baum neben dem Zelt seiner Mutter ein Falke seine Eier in ein Nest gelegt hatte. Und dies ist ein ungewöhnliches Ereignis, denn normalerweise suchen sich Falken ein ungestörteres Plätzchen zur Eiablage, als das laute Lager eines Indianerstammes. Deshalb wurde beschlossen, dass der Falke zu dem Totemtier des kleinen neugeborenen Indianer werden sollte, da dieser selbst in Situationen, in welchen andere die Flucht ergreifen, bei ihm bleiben würde und ihm so Kraft und Sicherheit spenden könnte. Kleiner Falke berührte noch einmal kurz sein Totem und fühlte sich schon um einiges sicherer.

Und plötzlich sah er etwas. Erst war es nur ein großer Schatten und Kleiner Falke bekam für einen kurzen Moment wieder Angst. Doch dann erkannte er plötzlich, woher der Schatten kam. Es war ein Falke, der hoch oben am Himmel kreiste, immer wieder aber näher zum Boden kam. Plötzlich setzte der Falke sich vor dem kleinen Indianer auf den Boden und krächzte dabei. Kleiner Falke blieb ganz ruhig – so nah war er noch nicht seinem Totemtier gekommen. Der Falke blickte den kleinen Indianer lange in die Augen und auf einmal fühlte sich Kleiner Falke überhaupt nicht mehr ängstlich. Er spürte, dass der Falke ihm helfen würde – ihm helfen würde seinen Vater zu finden. Während Kleiner Falke das erkannte, erhob sich der Vogel auch schon wieder in die Lüfte.

Diesmal flog er aber um einiges langsamer und sehr nah am Boden, sodass der kleine Indianer fast den Windhauch der Flügel spüren konnte, während er seinem Totemtier folgte.

Während er so entlang ging, hörte er immer wieder ein Rascheln, konnte aber nichts sehen, da die Dornenbüsche, die manchmal am Rand standen, so dicht waren, dass man nicht alles sehen konnte. Der kleine Indianer bekam nun doch etwas Angst. Er fing immer schneller an zu gehen, bis er schließlich rannte, da er schnell zu seinem Vater kommen wollte, um nicht mehr alleine zu sein. Dabei stolperte er immer wieder über verschiedene Steine oder Äste, die im Weg hrrum lagen, da es mittlerweile schon so Dunkel war, dass man nicht mehr alles klar sehen konnte, wenn man sich schnell bewegte. Doch als er das nächste Mal stolperte und so auf dem Boden lag, sah er plötzlich wieder den Falken genau in die Augen und seine Angst war wieder total weg. Etwas beruhigter und diesmal auch etwas langsamer setzte der kleine Indianer seine Reise fort.

Plötzlich hörte Kleiner Falke etwas. Es war ein Rufen: „Hallo, hallo hört mich denn keiner?“ Der kleine Indianer erkannte diese Stimme sofort. Es war sein Vater. Schnell schaute er, aus welcher Richtung das Rufen kam. Aber er konnte nichts entdecken. Bis er dann plötzlich sah, woher die Stimme kam, nämlich von dort wo die vielen Felsen waren. Schnell rannte Kleiner Falke dorthin und sah dann auch seinen Vater. Dieser lag auf einem der Felsen, sein linkes Bein komisch verdreht und zwischen einem anderen Felsen eingeklemmt. „ Oh, Kleiner Falke, wie gut, dass du da bist. Ich bin gestürzt als ich die Bisons gejagt habe. Und jetzt ist mein Bein eingeklemmt, sodass ich mich nicht mehr bewegen kann. Du musst Hilfe holen", empfing ihn sein Vater. „Aber, wie soll ich denn Hilfe holen? Ich weiß den Weg nach Hause nicht", meinte der kleine Indianer. „Hm, ich habe eine Idee, steig da hinten auf den hohen Felsen und von dort aus kannst du bestimmt unser Lager sehen", erwiderte sein Vater. All seinen Mut zusammen nehmend kletterte der kleine Indianer auf den Felsen. Mittlerweile war es schon ganz dunkel, sodass er eigentlich mehr mit den Händen fühlen musste wo ein sicherer Halt war als dass er das mit den Augen sehen konnte. Als er oben auf dem Felsen stand, blickte er sich um, doch er konnte nichts sehen. Die Nacht war schon so schwarz geworden, dass nichts mehr zu erkennen war. Was sollte er bloß tun? Sein Vater brauchte Hilfe, denn die Nacht über so im Freien zu verbringen kann gefährlich werden, da vielleicht ja schon wilde Tiere herum streunen und sie dann angreifen würden, dachte der kleine Indianer so bei sich. Während der kleine Indianer überlegte und überlegte, was er tun könnte, sah er plötzlich etwas - einen leichten Feuerschein ganz weit weg. Dieser Feuerschein war so weit weg, dass er wusste, dass dies der Platz sein musste, wo sein Stamm sein Lager hatte. Allerdings wusste er auch, dass wenn er hinabsteigt, er das Feuer nicht mehr sehen und er so auch nicht den Weg zurück zu dem Stamm finden würde, um Hilfe zu holen. Kleiner Falke war wieder entmutigt, da er immer noch nicht wusste, was er tun könnte. Doch da, plötzlich merkte er, dass sich an seiner

Seite der Falke niedergelassen hatte, welchen er in der Aufregung, plötzlich seinen Vater wiedergefunden zu haben, total vergessen hatte. Als er den Vogel wieder bei sich spürte, fasste Kleiner Falke neuen Mut, da er sich erinnerte, was er heute schon alles geschafft hatte: Er hatte nur mit Hilfe des Falkens den ganzen weiten Weg zurück gelegt, um seinen Vater zu finden. Und während er daran zurückdachte, bekam er eine Idee. Wenn er das Feuer seines Stammes sehen könnte, könnte der auch ein Feuer sehen, das bei ihm wäre. Ein Feuer, das er machen würde und das sogar um einiges größer ist als das kleine Lagerfeuer, das sein Stamm immer in der Nacht anhat, um die wilden Tiere fern zu halten. Kleiner Falke stieg sofort hinab, meinte nur kurz zu seinem Vater, dass er jetzt Hilfe herbei schaffen würde und fing an Holz zu sammeln. Sehr viel Holz, so viel Holz, dass er nicht alles auf einmal den Felsen hoch tragen konnte. Insgesamt musste er dreimal hoch und runter steigen, bis er alles da hatte. Nachdem er das Holz auf die Weise geschichtet hatte, die sein Großvater ihm gelehrt hatte, zündete er es mit Hilfe seiner Feuersteine an.

Das Feuer brannte schnell sehr hoch und war in der dunklen Nacht bestimmt viele Kilometer entfernt zu sehen. Kleiner Falke zog nun seinen Umhang aus und machte damit die verschiedenen Rauchzeichen, die er erst letzte Woche in der Indianerschule vom alten Häuptling gelernt hatte. Diese bedeuteten so viel wie: „Brauche Hilfe! Schnell kommen!“ - Der kleine Indianer machte dies immer wieder und wieder. Nach einer halben Stunde wurde sein Feuer etwas schwächer, doch bis jetzt war noch niemand aufgetaucht. Entmutigt wollte Kleiner Falke wieder hinabsteigen, bis er plötzlich etwas hörte. Es war ein Pferdegetrappel. „Hierher, hierher", rief der kleine Indianer und sah dann auch schon Listiger Adler und Kichernder Kojote auf ihren Pferden heran galoppieren. Diese beiden entdeckten dann sogar schon seinen Vater, bevor sie überhaupt zum Kleinen Falken an den Felsen kommen konnten und die Möglichkeit gehabt hätten, zu fragen, was denn überhaupt los sei. Sofort sprangen die beiden ab und beugten sich zu seinem Vater hinunter. Nun stieg auch der kleine Indianer von seinem Felsen herab. Während er so herunter kletterte, kam plötzlich der Mond hinter einer großen Wolke hervor und in dem Mondschein sah er gar nicht weit von hier die Bisonherde, welche vorher sein Vater versucht hatte zu erwischen. Die großen und kleinen Bisons grasten ganz friedlich und ruhig im nächsten Tal.

Als er seinen Vater und die zwei anderen Indianer erreicht hatte, sah er schon, dass diese beiden den Felsbrocken vom Bein seines Vaters entfernt hatten und schon begonnen hatten, eine Schiene für das Bein aus den herumliegenden Ästen zu fertigen. Doch als Kleiner Falke hinzukam, stoppten sie in ihrer Arbeit, stürmten zu ihm, umarmten ihn und meinten: „Du hast deinem Vater das Leben gerettet. Wenn du nicht das Feuer gemacht hättest, hätten wir euch bestimmt erst morgen früh vermisst und dann auch gar nicht gewusst, wo wir nach euch suchen sollten."

Der kleine Indianer hörte zwar, was die beiden Indianer zu ihm sagten, doch er war mittlerweile so müde und geschafft, dass er nur noch murmeln konnte, dass im nächsten Tal die Bisonherde sei und sich dann eingewickelt in seinem Umhang neben seinen Vater legte und einschlief. Zwischendurch bemerkte er nur kurz, dass er aufgehoben wurde und vorne vom Listigen Adler auf das Pferd gesetzt wurde. Aber eigentlich war das eher wie ein Traum für ihn, da er so müde war.

Irgendwann wurde er dann aber wach und bemerkte, dass er gar nicht mehr in der Prärie war, sondern im heimischen Zelt. Seine Oma stand am Feuer und lächelte ihm zu, während er die Augen langsam aufschlug. „Hallo, mein Lieber. Schön, dass du wach bist. Geh mal schnell ins Freie. Da gibt es eine Überraschung für dich“, meinte sie zu ihm. Der kleine Indianer schlug langsam die Zeltplane zur Seite und traute seinen Augen kaum. Draußen waren alle anderen Indianer versammelt und schauten zu seinem Zelt hin. Als sie ihn bemerkten, brachen sie in lauten Jubel aus, der so laut war, dass er sich fast die Ohren zuhalten musste, was er dann aber doch nicht tat. Während er so dastand und die anderen ihm zujubelten, kam der Häuptling Großer Mammut auf ihn zu und meinte: „Du hast deinem Vater das Leben gerettet und zu all dem auch noch eine Bisonherde entdeckt, die wir dann erlegen konnten, und so genügend Fleisch für den nächsten Winter haben. Dafür sind wir alle dir sehr dankbar. Du hast etwas sehr Tolles geleistet, auf das du stolz sein kannst! Deshalb sollst du auch nicht mehr Kleiner Falke heißen. Ab heute wirst du von allen nur noch Kluger Falke genannt werden". Und nachdem er das gesagt hatte, stürmten alle anderen Indianer auf ihn zu und ließen ihn hochjubeln und alle Tanten, Onkel und die gesamten Spielkameraden kamen während des Abends immer wieder auf ihn zu und wollten wieder und wieder die ganze Geschichte hören.

Kluger Falke ging aber irgendwann, nachdem er mit so vielen Leute gesprochen hatte, dass er sie gar nicht mehr zählen konnte, zu seinem Vater hin, der am Feuer saß und sein Bein lang vor sich ausgestreckt hatte. Er fragte diesen, ob es ihm schon etwas besser gehe. „Aber ja, mein Sohn, schon etwas. Eine Woche muss ich allerdings noch hier im Lager bleiben. Danach will ich aber wieder auf die Jagd gehen und diesmal Antilopen jagen und dich, Kluger Falke, will ich dabei gerne mitnehmen." Und während sein Vater das sagte, spürte Kluger Falke plötzlich einen Lufthauch und er sah den Falken, der ihm während seines gestrigen Abenteuers geholfen hatte, sich auf einen Baum neben dem Lagerfeuer setzen. „Ja, ich komme gerne mit – gemeinsam werden wir bestimmt viel erreichen", antwortete Kluger Falke seinem Vater und schaute dabei dem Vogel in die Augen.

Lana und das Augenpflaster

An einem sonnigen Frühlingstag kam Lanas Mutter zu ihrer Tochter und sagte: „Heute hast du weniger Zeit zum Spielen. Wir müssen zu Dr. Bertram, unserem Haus- und Hofarzt.“ Lana war nicht so begeistert. Das dauerte dort immer solange bis sie endlich an der Reihe war, denn Dr. Bertram hatte sehr viele Patienten.

Als sie dann endlich im Behandlungszimmer waren, untersuchte sie Dr. Bertram gründlich und sprach anschließend mit ihrer Mutter. Diese berichtete Lana später, dass sie nun für einige Zeit ein Pflaster auf dem Auge tragen solle. „Ein Pflaster? Aber wieso denn das? Mein Auge ist doch nicht verletzt und es tut mir auch nicht weh.“ „ Ja, das stimmt, Lana – aber du brauchst es, da sich dein anderes Auge immer wieder etwas ausruht und dann nicht richtig arbeitet. So wird dem Auge geholfen, dass es auch mal an der Reihe ist und etwas arbeitet.“

Lana bekam ein rotes Augenpflaster. Am liebsten hätte sie es sofort wieder abgerissen. Das fühlte sich echt blöd an und es juckte außerdem immer wieder.

Um sich abzulenken ging sie gemeinsam mit ihrer Bärenpuppe Elsa im Schlossgarten spazieren. Das Augenpflaster juckte und Lana konnte nicht verstehen, warum das Pflaster ihr helfen sollte. Gerade als sie daran ein bisschen herumdrückte, bemerkte sie, dass Louis, der Sohn des Stallburschen, auf dem Hügel stand. Louis war schon zwei Jahre älter als Lana und hatte immer wieder tolle Spielideen. Aber Lana war sich manchmal auch etwas unsicher, ob Louis sie nicht blöd fand, da sie ja noch so jung war. Trotzdem lief sie zum ihm hin. Louis hatte ein langes Rohr in der Hand und hielt das immer wieder an seinen Kopf.

„Was machst du denn da?“, fragte Lana. „Ach, hallo Lana. Ich habe hier ein Fernrohr von meinem Vater bekommen und soll damit versuchen, ob ich die Katze Mara sehe, die vor zwei Tagen weggelaufen ist.“ Lana hatte schon mitbekommen, dass Mara, die Stallkatze, die die ganzen Mäuse fängt, plötzlich weg gewesen ist und keiner sie mehr finden konnte. „Das blöde Fernrohr funktioniert aber nicht,“ meinte Louis auf einmal und wollte das Fernrohr gerade wegschmeißen. Doch Lana sagte: „Warte. Lass es mich doch einmal versuchen.“ Louis meinte noch: „Ach, du wirst doch bestimmt auch nichts sehen. Du hast ja eh nur ein Auge durch das Pflaster“, aber er reichte Lana doch das Fernrohr. Lana versuchte durchzuschauen. Louis hatte Recht. Sie sah wirklich nichts. Sie wollte Louis schon wieder das Fernglas reichen, bis sie dann merkte, dass sich ihr Auge an das komische Sehen durch die Röhre gewöhnt hatte und sie ganz weit in die Ferne sehen konnte.

Sie schaute sich die Hügel und Täler an, die auf einmal so nah waren. Das war ein tolles Gefühl. Und dann sah sie es: Dort vorne bei der alten Eiche war etwas Schwarzweißes zu sehen. Da war Mara! Lana rief Louis schnell zu: „Komm folge mir!“, und rannte los.

An der Eiche sahen sie, was passiert war. Eine der Wurzeln war so gewachsen, dass es darunter einen kleine Lücke gab. Dort hatte Mara sich eingeklemmt und kam weder vor noch zurück. Louis kniete sich hin und hob mit seiner ganzen Kraft die Wurzel etwas an. So konnte Mara sich dann befreien und verkroch sich in die Arme von Lana.

Gemeinsam brachten Lana und Louis Mara wieder in den Stall zurück, wo Louis Vater sie schon erwartete. „Super, du hast Mara wieder gefunden, mein Sohn", meinte er zu Louis. „Nein, ich habe sie nicht gefunden. Das war Lana. Sie hat sie gesehen. Dadurch, dass sie eine Augenklappe trägt, konnte sie mit ihrem anderen Auge viel besser sehen und hat Mara entdeckt. Lana hat Mara gerettet."

„Wenn das so ist Lara, dann muss ich mich sehr bedanken bei dir. Das war klasse. Vielen Dank!", meinte der Stallbursche zu Lana und drückte ihr fest die Hand.

Lana war stolz und glücklich geholfen zu haben. Als sie später wieder zurück ins Schloss ging störte das Augenpflaster sie nicht mehr so sehr.

Springer, Salto und die Regenbogenfontäne

Gabriele Weiss

Irgendwo zwischen Europa und Amerika, mitten im Atlantischen Ozean, verläuft einer der berühmten Wege der Buckelwale. Sehen kann man sie nicht, die Wege, klar, im Wasser. Die Buckelwale schon, an manchen Tagen, wenn sie unterwegs sind.

An einem sonnigen Sommertag schwimmen der alte Wal und der junge nebeneinanderher, wie so oft. Der alte Wal ist schon so alt, dass niemand sich mehr daran erinnert, wann er geboren wurde. Und so nennen ihn alle nur noch den ALTEN. Und sie haben Respekt vor ihm. Was hat er nicht schon alles gesehen auf seinen Wanderungen über die Meere.

Der junge heißt SPRINGER, einmal, weil er im Frühling geboren ist und dann auch, weil er ständig in Bewegung ist, immer am Planschen und Springen.

SPRINGER und der ALTE sind wieder einmal gemeinsam unterwegs. Wenn sie sagen, sie schwimmen nebeneinander her, dann kann das auch ganz schön weit voneinander weg sein, denn Wale können sich gegenseitig hören, mindestens 20 Kilometer weit. Und manchmal probieren die beiden das aus: wie weit kannst du wegschwimmen, damit ich dich gerade noch hören kann.

Der ALTE kann SPRINGER oft hören, denn er hat gute Ohren und SPRINGER ist auch die ganze Zeit am Singen und Pusten und Zwitschern und Kichern und Tröten und Brummen.

SPRINGER ist am liebsten mit dem ALTEN zusammen, denn der motzt nicht so oft wie die anderen großen Wale. Die hätten am liebsten, daß er brav mit ihnen in einer Reihe schwimmt, hintereinander her, einer nach dem anderen, der Häuptling voran. Denkste, dazu hat SPRINGER keine Lust. Und der ALTE sagt nie was.

Am allerliebsten hat SPRINGER, wenn die anderen weit weg sind und er ganz allein mit dem ALTEN sein kann. Als einmal ein Rochen kam und mit dem Alten spielen wollte, fuhr SPRINGER dazuwischen: Hau ab, du, gurgelte er, hau ab, du störst!

Überhaupt! SPRINGER kann es oft nicht leiden, wenn die anderen was von ihm wollen. Bei der kleinsten Kleinigkeit beginnt er zu toben, zu brüllen, und im Wasser herumzuplanschen wie wild. Die kleinen Fische machen dann am besten, dass sie ihm aus dem Weg gehen. Der spinnt mal wieder, blubbern sie und flüchten. Seine Wal-Kumpels auch, denn manchmal ist SPRINGER ganz schön grob, stubst sie und zwickt sie mit seinen spitzen Walzähnen.

So kommts auch, dass SPRINGER nicht gerade viele Freunde hat, genauer gesagt, keine außer dem ALTEN. Manchmal ist das schon blöd, denn alles kann der ALTE doch auch nicht mehr mitmachen.

An diesem Tag taucht plötzlich neben SPRINGER ein junger Delfin aus dem Wasser. Hey du, kichert er. Hau ab, knurrt SPRINGER. Aber der Delfin läßt sich nicht vertreiben. Nicht so schnell zumindest. Huch, miese Laune, lacht er und schlägt einen Salto. Wow, und was für einen Salto. Den kann SPRINGER auch, mindestens so gut wie der Delfin, denkt er.

Schwupp, springt der Delfin und taucht elegant in die Wellen, schwupp, springt der junge Wal und – platscht auf den Bauch, dass es nur so spritzt. Und weh getan hat es auch.

Schon beginnt SPRINGER – wie immer – zu toben. So ein blöder Salto und überhaupt, ist ja alles eh nix! ZU doof, dieser Salto.

Plötzlich schwimmt der ALTE neben ihm. Psst, gurgelt er, psst, mach mal langsam. Ich geb dir einen Tipp: Nimm erst mal ein ganzes Maul voller Wasser – ja so – und dann spritz eine Fontäne. Ganz langsam, dann wird sie so hoch wie nie. Jaaa. Und dann kannst du dich immer noch aufregen. Erst gucken und Luft anhalten, dann überlegen und ausprobieren. Wasser ins Maul, Fontäne spritzen, ganz langsam, dann aufregen. Wenns sein muss.

SPRINGER schluckt, schon will er wieder toben, aber dann gelingts ihm doch, eine kleine Fontäne zu spritzen, über die Wellen. Und bevor er was sagen kann, kurvt schon wieder der Delfin um die Welle.

Hey, du, ich zeig dir den Delfin-Salto-Springer-Trick. Den können nur Delfine, logisch, aber du bist der erste Wal, der ihn lernen kann. Wenn du willst, natürlich nur.

Klar, dass SPRINGER den Delfin-Salto-Springer-Trick lernen will. Keiner von den anderen Walten kann ihn schließlich.

Und dann zeigt ihm der Delfin den Trick. Ganz schön schwer, und mindestens dreimal muss SPRINGER den TIPP vom ALTEN anwenden: Maul voller Wasser und gaaaaaanz langsam eine Fontäne spritzen. Bis die fertig ist, hat SPRINGER schon keine Lust mehr, sich aufzuregen. Viel lieber will er den verflixten Salto-Trick noch einmal probieren.

Erst gucken und Luft anhalten, dann überlegen und ausprobieren. Am Ende des Tages kann er ihn, meistens jedenfalls.

Kommst du morgen wieder, fragt er den Delfin. Mal sehen, glaube schon, kichert der, ehe er davon flitzt.

Von dem Tag an hat SPRINGER zwei Freunde, den ALTEN und den Delfin. SALTO nennt er ihn, weil er ihm den guten Trick gezeigt hat. Manchmal springen sie miteinander, manchmal spritzt der Wal Luft. Das zischt wie bei einem Sturm und manchmal spritzt er Regenbogenfontänen. Die sehen supertoll aus. Und die kann der Delfin leider nicht machen. Hat er nicht das Loch dafür. Aber wenn SPRINGER seine Regenbogenfontäne spritzt, erfindet der

Delfin einfach eine Spritz-Funkel-Fontäne, indem er mit dem Schwanz ganz fest aufs Wasser klatscht. Klasse.

Und manchmal bringt SALTO noch seinen besten Delfin-Freund mit, dann sind sie schon zu viert.

Abbildungsverzeichnis

Autorenverzeichnis

Nora Schneider
Heilpädagogin M.A., systemische Beraterin, tätig an einer Interdisziplinären Frühförderstelle

Kontakt: norakschneider@gmail.com

Gabriele Weiss

Dipl. Sozialpädagogin/FH, Dipl. Heilpädagogin/FH, Systemische Supervisorin, Erwachsenenbildung M.A., Intermediale Kunsttherapie M.A.

Cornelia Roth

Dipl. Heilpädagogin, Kunsttherapeutin (DGKT), Heilpraktikerin (psych.), Systemische Supervisorin M.A.

Eva Koch

Sozialpädagogin B.A., Kunsttherapeutin, Erzieherin

DANK

Dieses Buch ist über einen Zeitraum von zwei Jahren entstanden. Es gab viele Treffen, in welchen Ideen entwickelt und wieder verworfen wurden. Am Ende ging es darum, dies zusammenzubringen zu einem Buch, welches nun hiermit vorliegt. Bei dem Entstehungsprozess haben verschiedene Menschen mitgewirkt. Insbesondere danke ich Gabi für den Anstoß sowie die Begleitung und Unterstützung, dass dieses Buch entstanden ist. Den zahlreichen Kindern und Familien, welche wir kennenlernen durften und welche auch ihre Geschichten mit uns geteilt haben, gehört ebenso ein großes Dankeschön.

Zuletzt möchte ich in diesem Buch meinen Eltern danken, welche in mir zuerst die Faszination und Begeisterung für Geschichten und Bücher geweckt haben und mich dann bei meiner eigenen Geschichte immer unterstützt und begleitet haben.

Freiburg, im Februar 2024

Nora Schneider